英語の謎

歴史でわかるコトバの疑問

岸田緑渓・早坂 [illegible]

角川文庫
20756

はしがき

man「人、男」の複数形はどうしてmansではなくmenなのでしょうか(Q.55)。love「愛(する)」はどうして「ロヴェ」と発音しないで、「ラヴ」と言うのでしょうか(Q.19)。このような疑問は、英語を学び始めた頃にたいていの中学生が感じたものなのです。しかし、そんな好奇心は、とりあえず英語の規則を覚えなければならない必要にせまられて、いつか頭の片隅に押しやられ、何年かたつと、どうでもいいあたりまえのことになってしまうのが通例です。それに、英語の先生に勇気を出して質問してみても、「そうなっているのだから、そう覚えておけばよい」と言われてしまい、まともに取り上げてもらえなかった人も案外多いのではないでしょうか。

でも、英語の先生を責めてはいけません。とくに若い先生は大学で英語の歴史を学んでいないことが多いのです。manがなぜmenになるのかは、今からおよそ1400年も前にさかのぼらなくては説明できないのです。また、loveの発音は13世紀頃のつづりの変化と15世紀から

18世紀にかけての音の変化を知らないと説明がつかないのです。man / men、love の問題はどちらかといえば単純で基本的なものなのですが、英語の歴史についての知識がなければ答えようがありません。

生徒の素朴な疑問に対して、好奇心を押さえつける方向にではなく、「複数の men ができたのはずっと昔のことで、基本的な単語ほど不規則な形が昔から残ってつかわれているのだよ」とでも答えたらいいのではないでしょうか。

本書の目的は、このような疑問について、英語の歴史を通して説明することです。具体的な疑問点に答えることで、英語の歴史について簡潔に知識を提供できればと願います。英語の歴史そのものについてこれまで知る機会が得られなかった一般社会人の好奇心をも刺激するものと考えます。

英語の歴史を知らないと、今の英語がすべてであって、英語とはいつもそんなものなのだという錯覚に陥ってしまう危険があります。たとえば、Do you like it? とか I don't like it. のように疑問文、否定文では do をつかいます。do をつかうのが基本的な用法だとすると、これまでもずっとそうだったにちがいないと思ってしまうのです。しかし、実は疑問文、否定文で do をつかうのが一般的になったのは17世紀からのことです（Q.3・Q.4)。ですから、英語の長い歴史からみれば、それほど古い用法ではなく、近代になってから定着した用法なのです。

また、英語の単語にはフランス語の単語が全体の50％ぐらい入りこんでいます。そして、本来の英語は25％ほどにすぎないのです。このことは11世紀にイングランドがフランス語をつかうノルマン人に占領されたことを知らないとまったく理解できません（第3部「番外」)。占領されてから300年間はイングランドで英語が公用語ではなくなりました。そして、フランス語が支配階級の言語であったために「高級」なものと感じられ、大量に英語の中に入ってきたのです。

万有引力の法則を発見したニュートン（1642-1727）は論文を英語で書きませんでした。英語は「低俗」な言葉だったので、高級な論文を書くにはふさわしくなかったのです。今日の英語が国際語として流通しているのと大変なちがいです。

本書は現場の先生、大学生のみならず、一般社会人の方々の好奇心を新たに刺激する材料を提供するものと考えます。英語を「学び直す」喜びを味わっていただきたいわけです。本書は一頁目から順に読む必要はありません。「どうしてかな」と疑問をもった項目から読めばよいのです。

英語を歴史的にみる観点があるのとないのとでは大きな差が出てくるでしょう。歴史的な英語の見方がどれほど英語の理解に奥行きを与えてくれるのかは計り知れません。

執筆分担は次のようになります。岸田が設問の30％と解答の大部分を担当しました。奥村は第2部、第3部の「番外」、Q.31を担当執筆、校正にも加わりました。早坂は一般読者の立場から全体に目を通し、設問の作成（70％）、本文の修正を指示しました。

この原稿が初めて日の目を見るようになったのは当時教育出版にいらした平林公一氏のおかげです。また、このたび文庫本として出版できるようになったのはKADOKAWAの編集担当者である伊集院元郁氏の尽力によります。この場を借りてお礼申し上げます。

2017年12月

著　者

紀元前20～10世紀	印欧祖語が分裂し，ゲルマン祖語が成立する。
紀元前6～5世紀	ケルト人がブリテン島に侵入。
紀元43年	ローマ皇帝クラウディウスがブリテン島のケルト人を征服。
5～6世紀	ゲルマン祖語から英語，ドイツ語などが分化する。

▶450～1100　古期英語期

5世紀	ジュート族，アングル族，サクソン族（アングロサクソン人）が大陸の北海沿岸よりブリテン島に侵入。
6世紀	「母音変異」が起きる（例：man（単数）→ men（複数））。
871年	アルフレッド大王がウェセックス王に即位。
878～1042年	ヴァイキングのイングランド侵略が激しくなる。
1016年	デーン人の王クヌートが英国王位につく。
1042年	エドワード証聖(しょうせい)王が王位につき，ウエストサクソン朝を回復。
1066年	ノルマン人ウイリアム征服王がイギリスを占領。以後，フランス語が公用語となり，英語は中・下層階級の言語となる。

▶1100～1500　中期英語期　この頃より語尾変化が単純になる。

1200～50年	フランス借入語が急増。
1204年	ジョン王がフランス領ノルマンディーを失う。以後，英語が上流階級で徐々に重視される。
14世紀	黒死病（ペスト）大流行（人口の約30%死亡）。
1356年	裁判所の公用語として英語が認められる。
1362年	英国議会の演説が初めて英語でされる。
1400～1700年	母音の大変化が起きる（例：time「ティーム」→「タイム」）。
1489年	この年以後，法令はすべて英語で書かれる。
15世紀	非人称構文の主語としてitが確立（例：It seems to me…）。キャクストンが印刷術を導入。関係代名詞としてthatの代わりにwhoが増加。

▶1500～　近代英語期　この頃には語尾変化の多くが失われる。

1600～01年	シェイクスピア『ハムレット』を完成。
1611年	『欽定訳聖書』完成。以後，聖書の引用はこれに拠ることが多い。

1620年	102人のイギリス人がメイフラワー号で北米プリマスに移住。
16世紀後半~17世紀前半	ラテン借入語が増加。
17世紀	疑問文・否定文で助動詞doが定着。 [u]が[ʌ]に変化 (例:blood「ブルッド」→「ブラッド」)。 shall, will, be going toが未来時を示す用法が定着。 三単現の-(e)sがすべての文体で定着。
1776年	アメリカ独立宣言。
18世紀	英文法への関心がイギリスで高まる。
1840年	日本で最初の英文法『英文鑑』(翻訳)出版。
1890年	森鷗外『舞姫』
1894~95年	日清戦争
1909年	夏目漱石『草枕』

目次

第2部 語のつづり・発音 65

※本書では、古い英語の例文について、今ではつかわれない文字
þ, ð を th で置きかえてあります。

本文デザイン:國枝達也

第1部

文のつくり

Q.1 英語の名前は、Mary Smith のように なぜ名字（姓）が後にくるのか。

人名を日本では姓名または氏名といい、姓（名字）と名の組み合わせでできています。順番は「山田一郎」のように姓が前で名が後ですね。姓（名字）が多くできたのは平安時代以降のことで、地名から姓をとることが多くなったといわれます。山田さんという姓はもとは地名だったのでしょう。

さて、英語ですが、人名はファースト・ネーム（first name, given name）と家族名（family name, surname, last name）からできているのが原則です（ミドル・ネームについては後でふれます）。Mary Smith の例をあげると、Mary はファースト・ネームで日本語の名にあたり、Smith は家族名で日本語の姓にあたります。

まず、ファースト・ネーム（名）について、これのない人間はまずいなかったと考えられます。子供が生まれたときに親がつけるので given name「与えられた名前」、キリスト教徒では洗礼のときにつけるので洗礼名（Christian name）ともいいます。

親は子供の人生が幸福なものになるよう願います。

Q.2 動詞はなぜ主語の後なのか。

英語の文の主な要素（主語、動詞、目的語）は一定の順に現れます。これを語順といいます。今の英語では主語＋動詞の語順（S－V型）がふつうですが、たまに、主語の前に動詞がくるV－S型が決まった表現につかわれます。

Long live the king!「国王万歳！」

実は、このV－S型は古い英語ではかなり多かったのです。そして、今の英語でふつうにみられる語順S－V型は昔は今ほど多くはなかったのです。また、今では珍しい主語＋目的語＋動詞のS－O－V型も昔はかなりみられました。つまり、古い英語の語順には次のようにいろいろな型があったのです。

S－V型　　Hit rinde.「雨が降った」
(it rained.)

V－S型　　Rinde hit.

（rained it.）

S－V－O 型　He hæfde anne godne sunu.

「彼はよい息子をもっていた」

（he had a good son.）

S－O－V 型　He anne godne sunu hæfde.

（he a good son had.）

このような多くの型が14世紀頃までにS－V型に統一されたのです。では、主語のすぐ後に動詞がくるようになったのはなぜでしょうか。それは昔の語順S－O－Vのように主語（S）と目的語（O）が並んでいるよりも、その間に動詞（V）をはさんだほうが、主語と目的語をはっきり区別できるからだといわれています。

昔は主語と目的語が語形だけで区別できたので、S－O－Vの語順でもまぎらわしくなかったのです。今の英語でも、語形のちがう代名詞の場合、主語と目的語をどこに置いても区別に困ることはないですね。仮にHe her loves. という英文を作ったとしても、Heが主語、herが目的語で「彼は彼女を愛している」という意味であることはすぐわかりますね。この形の区別が昔の英語ではふつうの名詞にもあったので、S－O－Vの語順でもかまわなかったのです。

主語はどうして文の先頭にあるのでしょう。相手の関心を引きつけるのには、まず「〜さんは」のように話を始めたいですね。そのために主語（主題）を始めに口に出すことが多いのです。

Q.3 疑問文ではなぜ主語の前に do や is をつけるのか。

昔の疑問文は「動詞」+「主語」の順序［V－S型］でした。たとえば、1000年前の英語では次のようになっていました。

Hwæt sægest thu†?（What do you say?）

sægest は動詞（say）の2人称単数現在形、thu が主語（you）です。古い英語ではこのように疑問文が［V－S型］だったので、語順によって肯定文との区別ができました。

ところが、否定文と同じように疑問文でも do がつかわれるようになったのです。この do の起源については「～させる」という使役の do の意味が弱まったという説が有力です（次項でくわしく述べます）。yes/no で答える一般疑問文では16世紀に do がつかわれるようになりました。who などの疑問詞で始まる Wh- 疑問文では17世紀中頃から増加するようになりました。そこで、疑問文は、Do you like fruit? や What do you think of her?

のように、doを主語の前に置くことで肯定文との区別が簡単にできるようになりました。また、主語のすぐ後ろに動詞を置きたいという英語の「好み」にも合うのです。

今でもbe動詞の文は古い疑問文の語順「動詞」+「主語」ですね。また、一昔前のイギリス英語では、have「持つ」の疑問文もHave you ～?のように「動詞」+「主語」の語順だったのはおもしろいですね。今では、その代わりに、Do you have ～?またはHave you got ～?をつかっています。

まとめてみると、疑問文は古い英語のひとつの型から二通りの型になったのです。

1. V－S型

10世紀		現　代
Hwær eart thu nu?	→	Where are you now?
		「今どこにいるのか」

2. V－S型　→　v－S－V型

Gehyrst thu me?	→	Do you hear me?
		「聞こえるのか」

注 †thは古英語ではÞまたはðと書かれていました。

Q.4 否定でなぜdoをつかうのか。

否定でdoがつかわれるようになったのは、今から400年前のことです。それ以前は否定でも疑問でもdoはつかわれませんでした。否定文では動詞の後ろに否定詞をつけ、疑問文では動詞と主語をひっくりかえしていました。今でもdoのない否定や疑問が残っていますが、それは古めかしい決まり文句に限られます。

I know not.「私は存ぜぬ」
Why say you?「何を申すのか」

実は、昔は否定をneで表していたのです。notはneを強調した形で、14世紀頃には両方つかわれていました。その後neが消えてnotだけが否定を表すようになりました。

11世紀頃	Ic ne secge.（I say not.）
14世紀	I ne seye not.
15世紀	I say not.

否定文にdoが現れたのは16世紀以降とされています。このdoには何も意味がありませんね。doはもともと「行う」とか「〜させる」という意味をもっていました。しかし、「〜させる」という使役の意味や「行う」という意味が弱まって、否定や疑問を示す「記号」になったのではないかと考えられています。ほかにも、今でもよくみられるほかの動詞の代わりにつかわれるdo†が影響したという説もあります。15世紀以降の否定文の発達は次のようになります。

15世紀　I say not.
16世紀　I not say.
17世紀　I do not say.
18世紀　I don't say.

英語は「主語＋動詞」の順序を好むといわれています。16世紀のI not say.から17世紀のI do not say.への変化は「主語の後に動詞が欲しい」という英語の欲求を満足させる変化であるといえそうです。

注 †"Do you like fruit?" "Yes, I do." の英文で、I doのdoはlikeの代わりにつかわれています。

Q.5 命令文はなぜ主語を落とすのか。

命令文ではふつう主語を表現する必要がないのです。主語が落とされたのではなく、もともと主語が表現されていないと考えたほうがよいでしょう。

では、なぜ命令文では主語を表現する必要がないのでしょうか。それは命令文がつかわれる場面を想像すればわかります。命令するとき、相手にむけて直接に言いますね。その相手は２人称代名詞で示されるのですが、命令するものも、命令されるものも、おたがいに相手が目の前にいるので、わざわざ２人称代名詞でその相手を示す必要がないのです。たとえば、Close the window. といえば、誰にむけて命令が言われたのかわかります。ですからわざわざ you をつけることはありません。主語の you をつけて、You close the window. というと、それは「他の人ではなく、君が閉めるのだよ」という他の人との対比・区別の意味が出てくるのです。また、相手の注意を引くために、わざわざ「主語」をつけることもありますが、この場合は主語であるよりも、呼びかけと考えたらいいでしょう——Jack, close the window.「ジャック、窓を閉めなさい」。命令形では昔も主語が表現されなかったのですが、時には対比とか強調を示すのに主語がつかわれることがありました。ただし、主語が置かれるときは、ふつう動詞の後になります。

Gath ge on minne wingeard.
（Go you into my vineyard.）
「君たち、私のぶどう畑に行きなさい」

この語順は今では mind you「気をつけて」、look you「いいかい」などの決まり文句に残っています。

10 世紀頃の英語には命令形に人称と数を示す語尾がありました。２人称単数は -a、-e で、２人称複数は -ath でした。

Lufa hine.（Love him.）「（君）彼を愛しなさい」
Lufiath hine.（Love him.）「（君たち）彼を愛しなさい」

それでは命令形には時制の区別があったのでしょうか。英語よりずっと古い古典ラテン語では命令形は第１命令（現在形）と第２命令（未来形）の区別があり、両方とも未来を示しました。ただし、第１命令はすぐにそれが行われることを示し、第２命令は法律文でつかわれ、緊急性はそれほどありません。

命令することの基本的な性質から、命令にはせいぜい古典ラテン語の区別があるくらいで十分なのです。ですから、昔の英語の命令形には時制の区別はありません。その命令が成しとげられるとき、つまり未来を示すだけです。緊急であることは、他の方法（副詞 quickly などをつかう）で表せます。そして、単数の語尾の -a、-e は比較的に早くから、複数の -ath も 15 世紀後半には消えていきました。命令の行為は相手の目の前でされるのですから、わざわざ単数と複数の区別をする必要はそれほどないのです。

Q.6 なぜ Not be afraid! ではなく Don't be afraid! なのか。

be 動詞は疑問文や否定文で do を必要としません。

Mary is a student. → Is Mary a student?
Mary isn't a student.

一般動詞では do を加えなければいけません。

Mary likes chocolate. → Does Mary like chocolate?
Mary doesn't like chocolate.

ところが、「否定命令文」では be 動詞は一般動詞と同じように do を必要とします── Don't be noisy!「静かにしなさい」。

どうして、否定命令文では be は do を必要とするのでしょう。難問です。ともかく、否定命令文の歴史をたどってみましょう。

1000 年前には、否定は副詞 ne で示しました。次頁の(1)のように、ne は文の最初に置かれます。その後に動詞がきます。主語はさらにその後です。

(1) Ne fare ge ut! (Don't go out!)「外出するな」

14世紀頃には(2)のように、ne と not (nout) が同時に現れ、ついで(3)のように not が動詞の後にくる型が一般的になります。

(2) Ne gabbe thou me nout! (Don't you deceive me!)
「私をだますな」
(3) Forsake me not! (Don't forsake me!)
「私を見捨てないで」

そして、17世紀になると do + not が現れます。

(4) Do not forsake me!

be 動詞の否定命令文でも、(3)にあたる Be not afraid.「恐れるな」の型の後で、(4)の Do not be afraid. の型が現れます。17世紀末にはほとんど Do not be ～. になりました。

では、be が do を必要とするのはなぜ否定命令文だけなのでしょうか。残念ながら、まだよくわかっていないのです。ただ、ひとつには、notの影響が考えられます。つまり、否定文ではdoが必要とされるので、その圧力が否定命令文のbeに及んだと考えられます。

でも、beの否定疑問文ではdoはつかわれません—— Isn't it a beautiful day?「なんていい天気なのでしょう」。それに疑問文では一般動詞はすべてdoを必要としますが、be動詞にはdoがつきません—— Is Mary a student?。

否定命令にだけdoが現れる理由として、Be not afraid! ではbeとafraidがnotによって分断されてしまうのですが、Don't be afraid! ではbeとafraidの強い結びつきが保たれることがあげられます。さらに、否定命令の文の頭に置かれるdo + notが否定命令の形式的しるしとして確立したことから、それがbeにも及んだのかもしれません。否定命令の歴史は用例が少ないこともあって、今でもわからないことが多いのです。

Q.7 be ＋ -ing でなぜ進行形になるのか。

進行形はbe動詞と現在分詞（-ing）が結びついて、進行中の動作や状態を表します。では、どうしてbe＋-ingが「進行」の意味を表すのでしょうか。難問です。でも、これを解く手がかりはあります。これには、ふたつの説があります。

斜体部分に注目して、次の1000年前の英語の文とくらべてください。

(a) He *is* in thære† ciricean *tæcende*.
(He *is* in the church *teaching*.)
「彼は教会にいて説教している」

(b) He *is tæcende* in thære ciricean.
(He *is teaching* in the church.)
「彼は教会で説教している」

古い英語にはこのふたつの構文がありました。(a)ではisとteachingが離れていますが、isはbe動詞で「いる、ある」、-ingは動作がまだ完了していないこと（未完了）

を表します。そこで「〜している」という意味が出てきたのです。(a)と(b)にそれほどの意味のちがいが感じられないことから、(a)が(b)の「進行形」が定着・普及するのに役立ったとする考えがあります。昔の -ende は15世紀までに -ing に変わりました。これが第一の説です。

第二の説は、次のような英語から派生したとするものです。

He is on teaching in the church.

この on -ing の構文は15世紀から17世紀にかけてかなりつかわれましたが、on が時代とともに弱くなって a- になり、ついに消えてしまったのです。

He is on teaching... → He is a-teaching... → He is teaching...

どちらの説が正しいかわかっていません。しかし、両方とも多かれ少なかれ進行形の形成に関係したと考えられています。進行形は昔の英語ではあまり多くなかったのですが、18世紀以後にイギリス全土で急速に広まったのです。それまでは、単純形（He teaches in the church.）で進行の意味も表していました。進行形の起源とその発達についてはまだまだわからないことが多く、ラテン語や古いフランス語の影響も無視できないといわれています。

注 †thære はþære とつづり、定冠詞 the が変化した形です。

Q.8 受身はなぜ be +過去分詞なのか。

受身は2000年ほどさかのぼれば動詞の語形変化だけで示されました。次の例は、古典ラテン語 amare「愛する」の現在時制の1人称単数形ですが、能動と受動では形がちがいます。

amo 'I love'　　amor 'I am loved'

ところが、英語ではこの語形変化による受動の表現は消えてしまい、「be +過去分詞」によって示されるようになったのです†。

過去分詞は他動詞††から作られる場合には受動的意味をもつ形容詞になります。たとえば、paid bill「支払い済みの請求書」、lost battle「負けいくさ」などで、paid、lost は他動詞 pay、lose の過去分詞で、受動的な意味をもつ形容詞として bill、battle を修飾します。つまり、他動詞から作られた過去分詞ならば、受動的な意味をもっているので、状態を示す be 動詞と結びついて、全体で受動構文を形成できるのです。paid bill を The bill is （has been）paid. という文に書き直すことに無理はないのです。

ただし、受動がすべて「状態」であるとは限りません。「動作」を示すこともあります。この「状態」と「動作」の区別は1000年前には、「状態」ではbe動詞、「動作」ではweorthan「～になる」をつかって示されたのです。weorthanは今でもドイツ語でwerden「成る」としてつかわれています。このweorthanもやがて消滅したため、be動詞が「状態」と「動作」を同時に示すようになったのですが、「動作」をはっきり示すために、18世紀頃から、become、getなどがつかわれるようになりました。

このように、昔は語形変化だけで示されたものが、「助動詞＋本動詞」のように、別々の単語を結びつけて示されるようになる傾向が英語にはあります。たとえば、仮定法の形がwould（should）＋本動詞で示されるようになったのも同じ現象です。

注†ただし、15～16世紀頃まで、ラテン語のようにhote 'is named' という受身の語形変化が残りました。たとえば、It rightly hot the well of life.「それはまさしく命の泉と名づけられている」

††他動詞：動詞が他の対象に向かう動詞のこと。つまり、目的語（他の対象）に動作が及ぶ動詞のこと。

Q.9 現在完了はなぜ have +過去分詞なのか。

現在完了でつかわれる have は助動詞です。have は本動詞としては「持つ」という意味を示しますが、現在完了ではこの「持つ」という意味がなく、完了を示す一種の記号になっているからです。

ところが、昔の英語ではこの have は「持つ」という意味を示したと考えられるのです。次の文は 10 世紀頃の完了形のもとになった have +過去分詞をふくんでいます。

We habbath hine gebundenne.
(We have him bound.)
「我々は彼をしばっていた」

上の文で、have は「持つ」という意味を残していると考えられるのです。というのは、gebundenne は bindan「しばる」の過去分詞 gebunden に形容詞の語尾 -ne がついていて、gebundenne は形容詞として hine を修飾しているからです。そうすると、上の文の正確な解釈は「我々はしばられた彼をもっている」になります。その後、過去分詞は形容詞語尾を失い、過去分詞とその前の目的語との関係がうすくなりました。そして、目的語 hine（= him）は「have ＋過去分詞」全体の目的語となりました。have は「持つ」という意味を失って、助動詞として過去分詞と結合し、「完了形」が発達したのです。過去分詞は have のすぐ後に移動して、今の完了形の文ができたのです。

We have bound him.

こうしてみると、次の文のように目的語のない動詞（go とか come）には、「持つ」という意味の have はつかえません。目的語がなければ「持てない」からです。

He（　　）come.「彼はやってきた」

（ ）の中に入るのは、昔は「状態」を示す be 動詞だったのです。だから、昔は他動詞は have、自動詞には be 動詞がつかわれて、完了形を形成したのです。そして、18 世紀には、be- 完了形は「過去の行為の結果としての状態」を示す場合にだけつかわれ、行為自体を示すのはhave-完了形という区別ができました。そして、今ではbe-完了形はほとんど姿を消して、have-完了形だけになったのです。

このように完了形の発達はhaveが「持つ」という意味を失う歴史と重なっているのです。

Q.10 thanks はなぜ複数形なのか。

英語の名詞には数えられる可算名詞と、数えられない不可算名詞の区別があります。不可算名詞は数えられないので、ふつう複数形にはなりません。thank「感謝」は抽象名詞で、不可算名詞の中に入ります。

ところが、「ありがとう」の意味でつかう thanks は複数形ですね。しかも、複数形がふつうなのです。同じように、「おめでとう」の意味の congratulations も抽象名詞ですが、複数形をつかうのがふつうです。

こうした複数形を英文法では「強意複数」といいます。程度の強さを示すからです。thanks は現在では many thanks のように複数あつかいで、単数あつかいの much thanks は書き言葉でたまにみられるだけです。この much thanks は thanks が単数あつかいだった16世紀の用法のなごりとされます（a thanks、that thanks がありました）。

単数の thank は1000年以上も前から、複数の thanks は14世紀からみられますが、とくに I give you my thanks、my thanks to you「ありがとう」などの定形表現での thanks は16世紀からみられます。

congratulations「おめでとう」は17世紀からみられますが、thanks の用法に基づいたものでしょう。このような「強意複数」が16世紀から18世紀にかけて、しかも文学作品（詩）にラテン語表現をまねて多く現れることから、その頃の流行だったと思われます。

Q.11 二本足で歩くのに on feet でなく on foot なのはなぜか。

一般に、熟語や決まり文句には昔の表現が化石のように残っていることが多いものです。on foot「歩いて」もそうなのです。

二本足で歩くのだから on feet であるべきだと考えるのは当然ですが、昔の英語では on foot の foot は「複数形」だったのです。

1000年前の foot の語形変化をみましょう。単数と複数で形がちがうのは今と同じですが、それがやや複雑なのです。つまり、文の中での働きのちがいによってさらに形が変わるのです。

	単　数	複　数
主語・動詞の目的語	fot	fet
所有格	fot-es†	fot-a
前置詞の後（例外あり）	fet	fot-um

主語または動詞の直接目的語としてつかわれるとき、単数で fot、複数で fet が現れます（足が／足は、足を）。

また、所有格（足の）では単数でfot-es、複数でfot-aに変化します。前置詞の後では、単数でfet、複数でfot-umになります（ただし、数は多くないのですが、前置詞によっては別の形になります）。

1000年前には「歩いて」の意味でonの後にfot-umという複数形が要求されたのです。このon fotumでは、語尾が弱く発音されて、-umが-eに弱まり、ついに-eも消滅し、on footになったのです。on fotumからon fotに変わる途中のon foteという形は13世紀にみられます。

注 †単語には、基本となる「安定した」部分と、「変化しやすい」部分があり、その区切りに「-」をつけます。現代英語ならlovesはlove-sとなります。

Q.12 関係代名詞は昔からあったのか。

日本の中学生の少なくとも半分は関係代名詞をよく理解していないのではないでしょうか。日本語には関係代名詞がないのだからしょうがないのだというあきらめの声も聞かれるのです。

しかし、英語にもともと独立した「関係代名詞」はなかったのです。それでは、どのような表現が関係代名詞のもとになっていたのでしょうか。

ずっと昔の英語では指示代名詞がその役割を同時に果たしていました。さらにその前は、指示代名詞は単に前の文の名詞を指し示すだけでした。

Dauid wæs an wis man. <u>Se</u> getimbrode his hus ofer stan.
(David was a wise man. <u>He</u> built his house on the rock.)
「デイビッドは賢明な人だった。彼は岩の上に家を建てた」

この文は1000年前の英語で、seが指示代名詞で、主格・単数・男性形です。seは第一の文のDauidの代わりになる代名詞としてつかわれています。このseがふたつの文を結びつける（関係づける）ようになり、指示代名詞としての独立性がうすくなるのが「関係代名詞」の始まりです。次に、この指示代名詞が第二の文の頭に置かれ、第一の文の名詞（先行詞）の直後に動かされると現代英語の関係代名詞と同じになります。

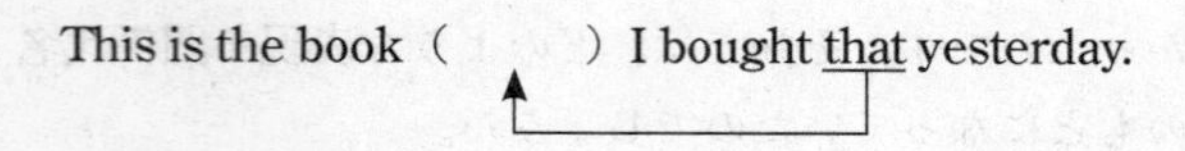

1000年前の英語では、この指示代名詞（単数男性se、中性thæt、女性seo、複数tha）が関係詞の役割を果たしたのです。

Sum hiredes ealdor（男性名詞）wæs, se（=he/who）plantode wingeard.
「ある家族の長がいたが、その者がぶどう園を開拓したのだ」

また、この指示代名詞と無変化の接続詞the（現在は消滅）が一緒に現れることもありました。

Se ilce burg（女性名詞）...seo（=she）the（=that）mæst wæs.
「最も大きかったその町…」

ところが、しばらくすると指示代名詞による関係詞はほとんどつかわなくなったのです。しかし、that だけはつかわれていました。

who、whom、whose、which、what はもとは疑問詞だけでした。これが関係詞としてもつかわれるようになったのは、間接疑問文の影響だと考えられています[†]。この wh- 関係詞は 15 世紀以降さかんにつかわれるようになり、上の that と競合するようになったのです。現代英語のように that と wh- 関係詞がつかわれる条件がはっきり区別されるようになったのは 18 世紀から 19 世紀だったといわれています。

今日、関係詞といわれるものはすべてもとの機能が指示代名詞や疑問詞だったのです。

注 [†]I don't know who that woman is.「あの女性が誰だかわからない」の who の用法。

Q.13 不定詞にはなぜtoがつくのか。

今の英語では、不定詞といえばto seeのように、動詞の原形の前にtoがついた形を頭に浮かべます。不定詞はtoがついたものだというのが多くの人の意識でしょう[†]。

ところが、英語を1000年もさかのぼると、toのつかない原形不定詞が圧倒的に多かったのです――He begann wepan.（He began to weep.）。では、toはどんな場合についたのでしょうか。

不定詞の前につくtoは今の英語の前置詞toとまったく同じものです。前置詞の後には名詞がきますが、動詞がくるときはそれを名詞化したものをつかいました。たとえばsay「いう」の不定詞はsecgan、toの後ではsecganが変化してsecgan-ne、secgen-neになりました。-neの語尾は前置詞の後にくるときの語尾なのです。toは「目的」（「方向」の意味から「目的」の意味になりました）を示すことから、to不定詞は「～をするために」という意味でつかわれることが多かったのです。

Ut eode se sædere his sæd to sawenne.
（Out went the sower his seed to sow.）
「種のまき手が種をまくために外に出た」

これは、現代英語の to ＋動名詞の用法と同じですね。

多くはないのですが、この頃にはすでに to がもとの前置詞の意味をなくして、原形不定詞と同じく主語や目的語になる例もみられました。この傾向が拡大すると現代英語の to 不定詞のつかい方と大きなちがいがなくなります。

英語の不定詞の発達は to が前置詞としての意味を失う過程と重なりあうのです。to が「目的」の意味を失う過程で to 不定詞の前に前置詞 for が置かれる用法がはやりました。この for to 不定詞では、for が「目的」の意味をあきらかに示す役割をもっていました。12 世紀から 15 世紀にかけてつかわれました。次の例は 12 世紀のものです。

se kyng hit dide for to hauene sibbe of se eorl of Angeow.
（the king it did to have peace with the count of Anjou.）
「王はアンジュー伯と和平をむすぶためにそうした」

このfor to不定詞はto不定詞と同じく「目的」だけでなく、主語や目的語にもなりました。しかし、15世紀には急速に姿を消してしまいました。

今の英語で原形不定詞が現れる典型的な場所は助動詞の後です。I can swim. を昔の意味で解釈すると「私は泳ぐことを知っている」で、swimはcanの目的語でした。ところが、助動詞と後に続く本動詞の結びつきが強く感じられるために、ここではtoがその間に入りにくかったのでしょう。

このように、助動詞の後を除いて、昔は多くつかわれた原形不定詞がto不定詞に押しのけられてきたのです。

注†toのつかない不定詞（原形不定詞）は、知覚動詞（feel、hear、see）の後や、使役動詞（have、let、make）の後で現れます。

Q.14 It rained. の it は何か。

「雨が降った」とか「きのうは天気がよかった」を表すのに、英語では主語を it にして、It rained. とか It was fine yesterday. とか表現します。この it を中学校では天候の it と教えています。この天候の it をもつ文を歴史的にさかのぼってみると、もとは it がなかったことがわかるのです。

「雨が降る」について、古典ラテン語では主語はなく、pluere（=rain）の 3 人称単数形 pluit だけで it rains を表したのです。

英語でも昔は古典ラテン語と同じく、天候状況を示すのに主語のない文がありました。

... northan sniwde ...「…北から雪が降った…」
（from the north it snowed ...）
Gif on Frigedæg gethunrath ...「金曜に雷が鳴ると…」
（If on Friday it thunders ...）

しかし、主語のない文はどちらかといえば少なく、むしろ hit（it）を主語にすることが多かったのです。1000年前の英語の例を出しましょう。

Hit swa swithe rinde thæt hie hæfdon wæter enog.
（It rained so much that they had water enough.）
「雨がかなり降ったので水が十分手に入った」
Hit sniwth.（It snows.）「雪が降る」
Hit hwilum thunrath.（It sometimes thunders.）「雷が時々鳴る」

このように、10世紀頃には主語のない用法から（h)itを主語にする用法に移ったと考えられます。このitは現代英語にまでずっと伝えられています。では、どうして主語のない文からitを主語にする文に変わったのでしょうか。

itが主語の位置を占めるのが原則となった理由はふたつあります。まず、英語では命令文以外の文では主語が表現されるという〔主語－動詞〕の型が圧力として働いてきました。また、動詞が文の最初にあると、疑問文とまちがえられる可能性があります。こうした理由からitを形式的に主語の位置に置いたと考えられます。ですから、このitは具体的には何も示すことがないのです。it

を天候を支配する神の意思を示すという説明がされることもありますが、これでは (h)it が古い英語に現れないことが説明できません。

このように行為者を示す主語が表現されない動詞はほかにもあります。たとえば、seem については、その主語の it が that 以下の節をあらかじめ指す予備の it とみなされることがあります—— It seems that he was late for the train.「彼は列車に遅れたらしい」。しかし、seem の昔の用法では主語がない（it もない）例が少なくありませんでした—— Him semed to be a kyn-ges ayre.「彼は王家の血統に思われた」。今では考えられないことですね。

Q.15 look forward toの後はなぜ-ing形がくるのか。

I'm looking forward to seeing you again.「またあなたにお会いできるのを楽しみにしています」では、forwardは「今後、将来」の意味の副詞です。lookと結びついて未来（の出来事）に対する期待を示します。この表現は比較的に新しく、look forwardは17世紀から、look forward toは19世紀頃からみられます。

toの後になぜ-ing形がくるのかという問題は、このtoが前置詞なのか不定詞のしるしなのかという問題と関連します。もし前置詞ならばその後に名詞的なものが目的語として現れますが、to不定詞のしるしであれば動詞の原形がくるはずです。

上の例で、toの後にseeingがきていますね。動詞の原形seeではないのです。つまり、このtoはふつうの前置詞ということになります。このtoが前置詞と考えられる理由として、17世紀にはtoの代わりにforやonがつかわれた例があったことがあげられます。

Look forward <u>on</u> the iournie you shall go.
(journey)
「これから行く旅を楽しみにしなさい」
We looked forward <u>for</u> your letter.
「君の手紙を楽しみに待っていた」

for や on は前置詞としか解釈できないので、同じ構文の to も前置詞だと考えられます。

また、look forward to の後に名詞がくる例はふつうにみられるのですが、動詞の原形がくる例はまずないのです。

以上のことから、look forward to の後には動詞の名詞形というべき動名詞（-ing 形）がくることになります。

〔to + 不定詞〕と〔動名詞〕がさほど意味のちがいがなくつかわれる動詞があります（start、begin）。しかし、look forward to では、名詞および動名詞（-ing 形）だけがその表現が定着した 19 世紀前後からずっと変わらずにつかわれ、〔to + 不定詞〕は一切みられませんでした。

Q.16 It is time you went to bed. ではなぜ went なのか。

「もう寝る時間だよ」の意味で It is time you went to bed. という文をつかう場合、話手は相手（子供など）に対して、ある種のいらだちや不満の気持ちをもっています。つまり、寝る時間がきているのに相手はまだ寝ていないことがわかります。過去形 went はふつうに解釈したら発話以前に行われた行為を示すので、その解釈では実際の発話の状況とは一致しません。went は形は過去形ではあるのですが、現在の事実（寝ていない）が当然の期待に反することを示していると考えるしかないでしょう。

ここで、英語の動詞がもつ文法的な意味を説明する必要があります。時制、数、人称については、He loves me. の loves が 3 単現の -s だと習っているのでわかりますね。3 単現とは 3 人称単数現在時制です。

英語の動詞にはもうひとつの文法的な意味があります。それは「法」（mood）といわれるものです。法には 3 種類あります。「直説法」、「仮定法」（「接続法」ともいいます）、「命令法」です。「仮定法」は話す内容に話者の感情がこめられていたり、頭の中で考えられたもので事実をそのまま述べたものではない場合などでつかわれます。「命令法」は相手に対して命令、要求をする場合につかわれます。そして、「直説法」は無色透明のもので、感情、思考、命令、要求をとくに伝える必要がない場合につかわれます。このように「法」とは文の内容に話者がどのような心の態度をとるかを動詞がその語形によって示したものです。なお、「直説法」はごくふつうにつかわれるので、学校ではとくに「直説法」とは教えません。

昔は、それぞれの法にそれに特有の動詞の活用（語形変化）がみられました。活用が単純化した今の英語からは考えられないほど、法の区別ははっきりしていたのです。それでは、1000年前の動詞hear「聞く」の活用をみてみましょう。

	現在		過去	
	直説法	仮定法	直説法	仮定法
単数 1人称	hier-e	hier-e	hier-de	hier-de
2人称	hier-st	hier-e	hier-dest	hier-de
3人称	hier-th	hier-e	hier-de	hier-de
複数	hier-ath	hier-en	hier-don	hier-den

	命令法
単数	hier
複数	hier-ath

さて、「直説法」と「仮定法」では同じ時制でも意味がちがうことに注意しなければいけません。直説法の過去形はふつう過去時を示します。しかし、仮定法の過去形は過去時にしばられることはなく、むしろ現在・過去に関する希望、期待、予想が実現されていないとか、実現の可能性に対する疑念を示します。仮定法の現在形は現在・未来について同様の意味を示すのです。

1000年前の活用からみると、今は仮定法に特有の形はbe動詞を除いてほとんどなくなってしまいました。つまり、仮定法の形と直説法の形の区別がつかなくなったのです。また、仮定法の意味をはっきり示すために、shouldとかwouldのような助動詞をつかうようになったのです。ですから、It is time you should go to bed.のshould goは1000年前の仮定法のwentの代用です。

It is time you went to bed.のwentは過去形であるのに現在の状態に対する話者の不満を示すことから判断すれば、仮定法の過去形にさかのぼれます。つまり、この

wentは活用の単純化によって直説法過去形のwentと形の上で区別できなくなった仮定法過去形なのです。

もし、It is time you go to bed. といえば、goは直説法現在形で、話者の側の不満の気持ちは動詞の形からは伝わることはないはずです。このように、感情がこめられず、時制とそれが示す時が一致するのが直説法で、逆に感情の色彩をおび、時制とそれが示す時がずれているのが仮定法の典型的な用法なのです。

Q.17 変化せずに「一定」なのに、なぜ「不定詞」というのか。

たしかに、「不定詞」はどのようにつかわれても形が変化しません。ですから、変化しないで、形が一定であることから、「不定詞」というよりは「定詞」といったほうがよいのかもしれません。動詞は時制（現在、過去）、数（単数、複数）、人称（1、2、3人称）などの文法的な意味によって形を変えますが、「不定詞」は形が一定なのです。それでも、「不定詞」といい、「定詞」とはいわないのは、「不定」の意味のとり方に問題があるのです。「不定詞」は英語の infinitive の日本語訳ですが、英語の infinitive はもとは古典ラテン語 infinitivus から入ってきたものです。このラテン語文法の用語は15世紀頃から英語でもつかわれるようになりました。in- は「〜でない」という否定の意味をもち、finit- の部分は「定まった、限定された」の意味なので、「不定」という日本語訳が与えられたのです。日本語訳に問題はありません。

さて、動詞を「不定形動詞」と「定形動詞」に分けることがあります。「不定形動詞」には不定詞、現在分詞（-ing 形）、過去分詞が入ります。こうしたものに共通なのは、時制、数、人称などについて特定の形をとらないことです。現在分詞や過去分詞にも時制の区別（現在時制と過去時制）はありません。

つまり、「不定形動詞」の「不定」と「不定詞」の「不定」は同じ意味なのです。時制、数、人称などについて定まった形をとらないということなのです。したがって、「定形動詞」とは現在形か過去形のどちらか、また主語の数や人称に一致した特定の形をとったものを指します。ですから、「不定詞」の「不定」は文法的な意味のちがいを示す特定の形をとることがないという意味なのです。「不定詞」よりも「不特定詞」という日本語訳のほうがわかりやすいのかもしれません。

Q.18 participleを分詞というのはなぜか。

英文法を習うと、文法用語にとまどうことがあります。動詞の変化形で、-ed形、-ing形を示すのに「分詞」という用語を習いますが、なぜ「分詞」というのか納得できない人が多いのではないでしょうか。

では、過去分詞、現在分詞の「分詞」とはどんな意味なのでしょう。分詞は英語のparticipleの日本語訳ですが、このparticipleは14世紀頃に中世フランス語から英語に入ってきた外来語です。もとは、古典ラテン語participiumですが、はじめのpart-は「part－部分」、-cip-は「cap－とる」という意味をもっていて、全体で「分けもつ、共有する」になります。

つまり、「分詞」とは形容詞と動詞のふたつの働きを「分けもつ、共有する」語という意味になります。分詞の性質に基づいてつけられた名称なのです。正確に日本語に訳せば、「共有詞」とでもなるかもしれません。

番外　英語は誰が作ったのか。

言語はそれをつかう人がいなければ消えてしまいます。英語もそれを日常つかう人によって育てられてきました。それでは、いつ頃から誰がどこで英語をつかっていたのでしょうか。これは難問です。

というのは、英語が英語らしくなるのは5世紀頃からなのですが、英語の先祖といえるものは、はるかな昔から今のロシアの黒海の北にある草原地帯でつかわれていたらしいのです。これは紀元前5000年ぐらいまでさかのぼれることになっています。その先祖の言葉はインド・ヨーロッパ祖語といわれています。

その後、紀元前1000年ぐらいから、この祖語から北ドイツ、南スカンジナビアを中心にゲルマン語といわれる言葉が発達しました。そして、紀元5世紀頃、ヨーロッパ大陸の北海沿岸に住んでいたゲルマン民族のアングル人、サクソン人などが海を渡ってグレート・ブリテン島に移住したのです。この移住を境に、英語がイギリスに定着することになったのです。それ以前は英語とはいいませんが、言語の「血の流れ」は遠い昔からずっと絶え間なくつながっているのです。

ヨーロッパ大陸からイギリスへの移住の前には、英語の祖先にあたる言語は現代ドイツ語とかなり似ていました。そして、今でも、英語にみられる特徴の中には大陸時代またはそれ以前のインド・ヨーロッパ祖語から引き継いだものがあって、紀元前にまでさかのぼらなくては理解できないものがあるのです。

5世紀以降の英語の発達には著しいものがあります。現代英語に近くなったのは16世紀頃からで、それ以前の英語にはかなり古い特徴がたくさんありました。

皆さんの中にはアメリカ人が英語を作ったと思っていた人がいるかもしれません。アメリカ英語は17世紀にイギリス人が北アメリカを植民地にした当時のイギリス英語を土台にできたもので、英語の歴史の中では大変新しい言語なのです。

第2部

語のつづり・発音

Q.19 comeの発音はなぜ「コメ」ではないのか。

英語の発音はアルファベットの文字通りでないことがあります。それで英語は発音がむずかしいという中学生もいます。でも、発音とつづりの「ずれ」は英語の長い歴史の中で生じたのです。

comeが「カム」と発音されるようになったのは17世紀頃からです。それ以前のcomeの発音とつづりはどうだったのでしょう。

comeは13世紀頃まではつづりはcume、発音は「クメ」だったのです。その後、語尾の-eは弱く発音されたために音としては消えてしまい、15世紀頃には「クム」になりました。でも、語尾の-eはつづりに残ったままでした。

さて、印刷技術がまだない当時では、本は手書きでした。m、n、u、v、wの前後にuがあると続けて筆記するので、文字の切れ目がわかりにくいという問題がありました。それで、このような場合には、13世紀末までにuの代わりにoをつかうようになったのです。つづりはcumeからcomeに変わりましたが、発音「クム」

は変わりませんでした。

発音が「クム」から「カム」に変わったことをどのように説明できるでしょうか。それは16世紀から17世紀にかけて「ウ」が「オ」、さらに「ア」に変化したからなのです。

	15世紀以前	16世紀	17世紀以後
	[u] →	[o] →	[ʌ][†]
come	「クム」	「コム」	「カム」
love	「ルブ」	「ロブ」	「ラブ」

方言では、いまでもcomeを「クム」と発音することがあるのは、昔の発音のなごりです。

注 [†][ʌ]は日本語の「ア」と「オ」の中間の音色をもつ音です。

Q.20 timeの発音はなぜ「ティメ」ではないのか。

timeが「タイム」と発音されるようになったのは18世紀頃からで、それ以前の発音は今とはだいぶちがいます。

それではtimeの昔の形（つづり）はどうだったのでしょうか。じつは、現在の形とあまり変わらないtimaだったのです。英語をふくめてヨーロッパの言語では、母音は変わりやすいのですが、子音は安定していてそれほどは変化しません。timaとtimeの間には1000年以上の時代の差がありますが、みかけはそれほど形のずれはないのです。timeでは、母音はiとe、子音はtとmです。

ここで注意しなければならないことがあります。つづりと発音がかならずしも一致しないことです。つまりtimeではそのつづりのふつうの読み方から「ティメ」と発音したくなりますが、実際の発音は「タイム」ですね。この場合、つづりと発音が一致しているのはtとmで、iとeは一致しません。iは「イ」ではなく「アイ」、eは「エ」ではなく、まったく発音されません。

timeのiは昔は「イー」と長く発音されました。それは14世紀末頃まで続きました。なお、アルファベット記号には長い「イー」と短い「イ」を区別するものがありません。

15世紀から次のような音の変化が起こりました。

	14世紀	15世紀	16世紀	18世紀	19世紀	
	iː	ii	əi†	ʌi	ai	→
time	「ティーム」	「ティイム」	「タイム」	〃	〃	→
mine	「ミーン」	「ミイン」	「マイン」	〃	〃	→

15世紀から18世紀にかけて英語のとくに長い母音に大きな変化が起きたのです。「イー」が「アイ」になるのは14世紀に長い「イー」をもっていたすべての単語に起きたのです。たとえば、child、find、likeなどがそうです。childは14世紀には「チールド」と発音されたのです。逆にいうと、短い「イ」は「アイ」になりません。たとえば、drink、give、quick、ship、thisの「イ」は14世紀には短い「イ」だったのです。

timeの最後のeについて、giveやlikeと同じように今では発音されませんね。しかし、1000年前には発音されたのです。語尾にある母音は弱く発音されるので、しだいに「あいまいな母音」[ə]になり、14世紀にはほとんど発音されなくなったのです。

ただし、発音されなくなっても、つづりには残っているのはまぎらわしいですね。この発音されないつづりのeが現れやすい条件があるのです。たとえば、timeのように、かつて長い母音をもっていた語では残ることが多いのです。たとえばbite、take、rideなどがそうです。こうした語は14世紀には「ビート」、「ターク」、「リード」と発音されていたのです。

注 †[ə]はあいまいな母音といわれる音です。[əi][ʌi][ai]は、いちおう「アイ」と表記しましたが、音は少しずつ違います。

Q.21 oneはなぜ「オネ」と発音されないのか。

oneは数字の「1」で、発音は「ワン」ですね。最後のeは今では発音されないのがふつうなので、ローマ字式の読み方は「オン」となっていいはずですね。

それでは、oneをふくむほかの単語の発音をみてみましょう。only「たった一人（ひとつ）」とか、alone「ひとりで」はそれぞれon(e)と-ly、al-とoneからできています。onlyは数字「1」に形容詞を作る-lyがついた形で、aloneは副詞al(l)「まったく」と数字oneがついた形なのです。こうした語ではon(e)は「ワン」と発音されません。むしろ、ローマ字式に「オン」と発音したほうがよいのです（正確には「オウン」）。

では、どうしてon(e)に「ワン」と「オウン」の発音があるのでしょうか。oneの発音を1000年前の英語からたどってみましょう。

1000年前の英語では数字「1」を示す形はanでした。このanは長く「アーン」と発音されました。そして、12世紀にはon「オーン」となって、それがonly、aloneに今でも生きているのです。

ところが、one や once では「1」の意味が強く意識されたのでしょう、「オ」が強く発音されました。「オ」を強く発音すると唇がさらにまるくなるのです。それで w「ウ」という音が新たに「オ」の前に発生しました。w「ウ」は円唇（えんしん）といって唇がまるくなる代表的な音なのです。これで「ウォーン」という発音が 14 世紀頃からみられるようになったのです。

14 世紀以降の「ウォーン」の「オー」の発音の変化は blood「血」と同じものです。

14 世紀	15 世紀	16 世紀	17 世紀
[oː] オー 「ブロード」	[uː] ウー 「ブルード」	[u] ウ 「ブルッド」	[ʌ] ア 「ブラッド」→

one の発音の変化を blood の変化にあてはめてみましょう。12 世紀の「オーン」は 14 世紀に w がついて「ウォーン」になり、15 世紀には「ウゥーン」となりました。16 世紀には「ウー」が短くなって、その短い「ウ」が 17 世紀に「ア」に変わり、今の「ワン」になったのです。

10世紀	12世紀	14世紀	15世紀	16世紀	17世紀
アー 「アーン」	オー 「オーン」	ウォー 「ウォーン」	ウゥー 「ウゥーン」	ウゥ 「ウゥン」	ワ 「ワン」→

ただし、onlyのタイプ「オウン」とoneのタイプ「ワン」の発音が時に混乱することがありました。onlyにもwonly「ウォンリィ」という「ウ」のついた形が16世紀に一時的に現れたこともありました。

なお、数字「1」の「意味と発音」が弱くなったもので重要な語a（an）があります。これについては別の項（Q.51）で扱います。

Q.22 Ｈの発音はなぜ「ヘイチ」でないのか。

英語でつかわれているアルファベット文字はおよそ3500年前のフェニキア文字にさかのぼります。それから、ギリシャ・アルファベットやラテン・アルファベットが発達しました。イギリスでは3世紀から6世紀末頃キリスト教の影響で、ラテン・アルファベットがつかわれています。

さて、ラテン・アルファベットではB、C、Dなどの文字はeを加えて、be「ベー」、ce「セー」、de「デー」と呼ばれました。HとKはaを加えて、ha「ハー」、ka「カー」と呼ばれました。

このHはラテン語では気息音といって、のどから息がはっきり出るときに聞こえる音を表すのにつかわれました。英語でも、単語の最初のHは「気息音」、単語の中や単語の末尾ではのどの近くの摩擦の音を表しました。ただし、これらの音のうち、語尾のHは今では発音されません。1000年前のheah「ヘアフ」は今ではhigh「ハイ」(「高い」)になっています。語尾の(g)hは発音されなくなったのです。

このようにHは「ハ」を表す文字ですからアルファベット文字として「エイチ」でなく「ヘイチ」と呼びたくなります。ラテン語でも「ハー」と呼ばれていたのですから。しかし、Hは「エイチ」ですね。もとのラテン語の「ハー」ともずいぶんちがっています。それは英語に古典ラテン語の「ハー」が伝わったのではなかったからです。「エイチ」は古いフランス語acheが13世紀以降に英語に入ってきたものなのです。このacheは中世ラテン語hacaから発達したもので、頭のh-が落ちています。このacheが「エイチ」の呼び方のもとになったのです。

さて、acheの頭のaは14世紀頃には長く「アー」と発音されました。そして15世紀から18世紀にかけて「エー」に、19世紀に「エイ」に変わったのです。

name「名前」も同じように14世紀には「ナーム」、15世紀には「ネーム」、そして今では「ネイム」と発音されるようになりました。nameが「ナーム」から「ネイム」に変わったように、ache「アーチ」も「エイチ」になったのです。今では「エイチ」はaitchとつづられます。

このように、古いフランス語の頭のhが落ちた形が英語に入ってきたことから「ヘイチ」という呼び名がHにつかなかったのです。

Q.23 単語の中で、wはなぜ「ダブリュー」と発音されないのか。

ローマ字とはラテン・アルファベットのことで、キリスト教伝来とともにイギリスに伝えられました。ところが、それ以前はルーン文字というゲルマン人がつかっていた文字があったのです。ラテン・アルファベットの伝来でルーン文字はつかわれなくなったのですが、ラテン・アルファベットには不便な点がありました。その欠点とは今のthやwが示す音をラテン・アルファベットでは正確に表せなかったことなのです。

さて、wが表す音は「ゥ」なのですが、これは母音「あいうえお」の「う」とはちがいます（似ていますが）。この音は半母音といって、子音と母音の中間の性質をもつ音です。wet、twelveのようにその後には母音がかならずきます。

この半母音「ゥ」を表すのにラテン・アルファベットのuをつかうのが英語では最も古い方法でした。しかし、このuはふつう母音のuを表し、時にv「ヴ」を示すこともあったので、半母音の「ゥ」と区別しにくいという欠点があったのです。そこで、uuというように、u

を重ねて半母音の「ウ」を表す方法がとられました。また、8世紀にはルーン文字「ウイン」Ƿを半母音の「ウ」を表すのにつかいました。このルーン文字をつかう習慣は13世紀前後まで続きました。一時はuuという表し方はすたれたのです。

ところが、uuはヨーロッパ大陸に渡り、w音を表すのにつかわれていました。このuを重ねた文字、つまり「ダブル・ユー」がアルファベットの新しい文字と意識されるようになったのです。文字の名称が「ダブル・ユー」でも、今ではuを重ねて作ったと考える人は少ないでしょう。

「ダブル・ユー」は半母音「ウ」を表すために作られた文字の名なのです。だから単語の中でwが半母音「ウ」と発音されるのは当然のことなのです。

Q.24 doesはなぜ「ドエス」と読まないのか。

doの3人称単数形はdoesですね。ローマ字のふつうの読み方では「ドエス」ですが、実際は「ダズ」です。では、なぜ「ダズ」と発音されているのでしょうか。まず、1000年前のdoの現在形をみましょう。その頃にはdoの3人称単数形はdethでした。

単　数	1人称	do
	2人称	dest
	3人称	deth
複　数		doth

1人称と複数でoが、2人称と3人称でeがみられます。これはfoot（足）の複数形feetのoとeのちがいが生じたのと同じ原因によるものです。このちがいについては別の項（Q.55）でくわしく説明しましょう。

次に、12世紀頃のdoの活用をみましょう。イギリスの東部地方と北部地方の例をあげます。oとeのちがいはなくなり、すべてoに統一されます。

		東部	北部
単数	1人称	do	do
	2人称	do(e)st†	do(e)s
	3人称	do(e)th	do(e)s
複数		don	do(e)s

12世紀の英語では、do(e)sは東部地方にはみられず、北部地方にみられます。これが現代英語のdoesのもとになったものです。別の項（Q.43）で説明しますが、3人称の語尾-(e)thはイギリスの南部や東部地方にみられるもので、北部地方の-sが16世紀後半頃には-(e)thに取って代わったのです。doesの形の由来はこれでわかります。

問題は発音です。これは次の3つの音の変化が関係しているのです。まず、15世紀から始まった母音の大変化が問題になります。この変化はとくに長く発音される母音を変えたのです。

doesは15世紀以前では「ドーズ」と発音され、oは「オー」と長かったのです。この長い「オー」は15世紀頃には「ウー」と発音されるようになったのです。ですから15世紀にはdoesは「ドゥーズ」と発音されました。

次に、16世紀頃にこの長い「ウー」が子音の前で短い「ウ」に変わりました（つづりは変わりません）。例をあげると、does「ドゥズ」、blood「ブルッド」、flood「フルッド」、month「ムンス」が16世紀の発音ですが、「ウー」が「ウ」になるのはs、d、thの子音の前です[††]。

さて、17世紀にはこの短い「ウ」が「ア」（発音記号で[ʌ]）に変わりました（例外はあります）。やっと17世紀になってdoes「ダズ」になったのです。同じく、blood「ブラッド」、flood「フラッド」、month「マンス」も17世紀の発音です。

ですから、語形は16世紀後半のもの、発音は15世紀から17世紀にかけての変化によるものです。

14世紀	15世紀	16世紀	17世紀
[oː]「オー」 ドーズ	[uː]「ウー」 ドゥーズ	[u]「ウ」 ドゥズ	[ʌ]「ア」 ダズ

注 [†]（　）内の文字は省略されることもあります。

[††]does「ダズ」とdo「ドゥー」のちがいは、子音が後にないのでdo「ドゥー」が短く発音されなかったために、「ダア」にならなかったからです。

Q.25 Mrs.の発音はなぜ「ミスターズ」ではないのか。

Mr.が「ミスター」とすれば、Mrs.は「ミスターズ」と発音したくなります。でも、[mísiz, mísis]「ミシズ、ミシス」と発音しますね。

Mrs.は既婚女性の姓の前につくことからわかるように、「女主人、主婦」を意味するmistressの省略形なのです。では、なぜ「ミストレス」と発音しないのでしょうか。

mistressは中世フランス語maistresseが14世紀に英語に入って定着した語です。では、maistresseがどのようにmistressになったか説明しましょう。実は、Mr.のもとになったmaistreも同じ説明が必要なのです。

maistresse、maistreは姓の前につけられる形式的な語になると、弱く発音されるようになったとされます。その場合、aiはiに変わったのです。15世紀頃のことだったようです。

そして、16世紀にはmistress「ミストレス」、mister「ミスター」という発音が定着しました。さらに、17世紀にはmistressのtが落ちて、最終的には「ミィスィス」

と発音されるようになったと考えられます。口語では、速く発音するとき、roast beef、half past five の roast、past の t はしばしば発音されません。

省略形 Mrs. はこのように mistress の t が落ちた形に基づいて作られたのです。

Mrs. ははじめは一般に上流階級の女性に対する尊称として姓の前につけられましたが、だんだん下層階級にも広がったのです。既婚女性を示すことが多かったのですが、17 世紀から 18 世紀にかけて Miss と同じく未婚女性を示すのに Mrs. がつかわれることもありました。

Mrs. も Miss も mistress の省略形ですが、一方は既婚女性、他方は未婚女性を指す区別が 18 世紀以降にはっきりつけられるようになったのです。

Q.26 heardの発音はなぜ「ヒアド」でないのか。

「聞く」hear「ヒア」の過去形はheardですが、その発音は「ヒアド」ではなく「ハード」です。hearに過去を示す語尾-dがついたのですから、「ヒアド」と発音したくなりますが、どうして「ハード」と発音するのでしょうか。hearの発音の歴史をたどってみましょう。

1000年前の不定詞形（原形）はイギリス南部でhieran「ヒーエラン」、中部地方でheran「ヘーラン」でした。当時の語形変化をみてみましょう。現在形と過去形のちがいは語尾を除いて基本部分にはありません。

		現 在	過 去
単 数	1人称	h(i)er-e	h(i)er-de
	2人称	h(i)er-st	h(i)er-dest
	3人称	h(i)er-th	h(i)er-de
複 数		h(i)er-ath	h(i)er-don

12世紀には、南部のhieranはhiren「ヒーレン」、中部のheranはheren「ヘーレン」になりました。しかし、

現在の発音「ヒア」は南部の「ヒーレン」からは説明しにくいのです。なぜなら、南部の形にみられる「イール」という音は18世紀には「アイア」になるのがふつうだからです。たとえば、fire「ファイア」は「フィール」だったのです。南部の形は18世紀には「ハイア」という形になってしまいます。

現在のhear「ヒア」の発音は中部地方の「ヘーレン」が標準英語で一般の形としてつかわれた結果、生まれたものなのです。「ヘール」の「エール」は18世紀に「イア」に変わったからです。here「ここ」の発音も「ヘール」から「ヒア」になったのです。

過去形heardについては、12世紀頃に子音が重なるときに長い母音が短くなる変化があり、それが重要な役割を果たしています[†]。この変化によって、rdの前の長い「エー」をもつ「ヘールド」が「ヘルド」になったのです。このer「エル」は17世紀に「アル」[ər]、18世紀に「アー」[əː]になったので、今の発音が「ハード」になったと説明できます。

次の図はhear「ヒア」とheard「ハード」の発音の変化を示したものです。なお、つづりの<ea>は、hearについては15世紀の[ɛːr]「エール」、heardでは17世紀の[ɛər][††]「エアル」を反映したものとされます（この発音はじきに消滅)。

10世紀	14世紀	15世紀	17世紀	
	↗ eːr	iːr	iːər ⟶	iə (hear)
eːr		(ɛːr)		
	↘ er	er	ər ⟶	əː (heard)
		(ɑr)	(ɛər)	

このように、長い母音が短くなることで、その後の発達に大きな差が生じてしまうのです。

注 †read「リード」と「レッド」のちがい(Q.48)で説明します。

††[ɛː]を示すのにつづりでふつうは〈ea〉をつかいました。

Q.27 why はなぜ「ウヒー」と読まないのか。

why は今ではふつう「(ホ)ワイ」と発音されます。「ふつう」というのは「標準語で」という意味です。方言ではしばしば「フゥワイ」という発音が聞かれます。実は「ワイ」は古い英語では聞かれませんでした。「フゥワイ」のほうが昔風の発音で、しかもつづりをそのまま反映する発音だったのです。

それでは、1000 年前の英語では why はどのような形だったのでしょうか。why は hwy と hwi とつづられていたのです。今の wh- は昔は逆の hw- だったのです。hw- をそのまま発音すれば「フゥ」となります。つまり、方言で耳にする「フゥワイ」は 1000 年前の hw- のつづりをそのまま発音したものなのです。

今では wh- とつづられる語のほとんどは 1000 年前には hw- になっていました。たとえば、what は hwæt、when は hwonne、which は hwælc、while は hwil、white は hwit、who は hwa だったのです。

この hw- のつづりは 13 世紀頃までみられましたが、それ以降は wh- がふつうになったのです。ところが、つづりはhw-からwh-に変わっても発音はしばらく「フゥ」のままでしたが、やがてhの部分が発音されなくなって、wだけになったのです。単語の最初の部分のhが落ちるのはhr-、hn-、hl-のhが落ちるのと同じ現象です。当時のhringは今ではring「環」、hlafはloaf「かたまり」、hneccaはneck「首」ですね。こうしたhは13世紀頃に落ちたようです。つづりでもこのhは消えてしまいました。

hw-についても13世紀頃にはwだけのつづりがかなり普及しました。次の形はwhyのつづりを古い順に示したものです。実に多くのつづりがあったのです。

11世紀頃	hwi, hwiʒ[†], hwie, hwy
13世紀頃	hwui, wee, wi, wy
15世紀頃	hue, whye, why, quy, qwy

qu-、qw-がつかわれたのは、hwが口の奥、つまりのどの近くで発音される音の響きをもっていたために、その響きを示すためだったとされています。しかし、このqu-、qw-のつづり（quat = what）はイギリスの北部の方言に限られ、時期も15世紀から16世紀の短い間つかわれました。

whyにみられるように、伝統的なつづり方と実際の発音のずれが多いのが英語の特徴のひとつです。とくに目につくのは、発音されなくなっても、つづりには残っているwh-のhのような場合です。

注 †hwiȝのȝは12世紀前後によくつかわれた文字で、ここでは半母音[j]に近い音を示します。

Q.28 beautifulはなぜ「ベアウティフル」と発音しないのか。

ローマン・アルファベット（ローマ字）は音をしめす文字なので、アルファベットのふつうの読み方にしたがえば「ベアウティフル」と発音しておかしくありません。つづりを覚えるのに「ベアウティフル」という読み方を頭の中で思い浮かべるのも、つづりと実際の発音がずいぶんちがっているからですね。

beautifulという単語はbeauti-と-fulのふたつの部分から作られていて、前の部分のbeauti-がbeauty「美」と同じだということに注目しましょう。

beautyは「ビューティ」と発音されます。実は、この単語はもともとは英語ではなく、フランス語から入ってきたものなのです。それは13世紀頃のことでした。フランス語では当時beaute「ベアウテ」と発音されていました。アルファベットのふつうの読み方と同じだったのです。このことから現在の英語のつづりはフランス語のつづりがそのまま残ったものと考えられます。

ところが、英語に入ってきてからじきに「ベアウテ」から「ベウテ」に単純化されたのです。この「ベウテ」

という発音は14世紀頃まで続きましたが、15世紀になると「エウ」は「イウ」に変わりました。そして、17世紀には「イウ」が「ユー」になったのです。つまり、17世紀になって今の「ビューティ」の発音ができ上がったのです。

13世紀	14世紀	15世紀	17世紀
エアウ 「ベアウテ」	エウ 「ベウテ」	イウ 「ビウティ」	ユー 「ビューティ」

14世紀に「ベアウテ」から「ベウテ」に変わったことは、当時のつづりにbewte、beuteが現れることからもわかります。

さて、beautifulに話をもどすと、beauti-の部分はフランス語、-fulの部分は英語なのです[†]。-fulは今もよくつかわれる形容詞full「一杯の」と同じ語で、ふつう名詞について形容詞を作りました。たとえば、wonderful「驚くべき」はwonder「奇跡」に-fulがついたものです。この-fulがフランス語から入ってきた名詞と結びついて新しい形容詞を作るようになったのです。ですから、beautifulという単語が英語に現れはじめたのは、16世紀からですが、単独のbeautyは13世紀に英語に現れています。

注 †これは混種語といって、ちがう言語に由来する要素が結合してできた語です。

Q.29 oftenのtはなぜ発音されないのか。

often「しばしば」はやや新しい単語で、標準語では16世紀になって現れました。それより前はoft(e)だったのです。今ではoft(e)は古風な詩にみられるだけになってしまいました。

oft(e)からoftenができたのですが、それはoft(e)が実際にはないoftenの短縮形だと考えられたからです。「aはなぜanになるのか」の項（Q.51）で説明しますが、anは子音の前では-nが落ちてaになり、母音または<h>の前では-nが落ちずにもとのanが保たれました。それと同じく、oft(e)は子音の前で-nが落ちた形だと誤って考えられたので、母音または<h>の前ではoftenというそれまではなかった語形を誤ってつかったのです。

子音の前でもoftenが現れるのは早くは14世紀頃で、イギリスの北部でoftinという形が現れました。16世紀以降は標準語ですべてoftenに統一され、oft(e)は古語としてしか存在しなくなったのです。

さて、oftenは「オ(ー)フン」と発音されます。つまり、<t>は発音されません。しかし、oftenのもとになった oft(e)は「オ(ー)フト」と発音され、<t>はちゃんと生きていたのです。

それでは、この<t>が落ちたのはいつ頃からでしょうか。実は、単語の中の位置で、ftn、stl、stn、stmというように<t>をふくむ子音が3つ並ぶと、まんなかの<t>が落ちる現象が16世紀から18世紀にかけて起きたのです。子音が連続すると発音しにくいからでしょう。

例をあげると、oftenと同じく<ftn>から<fn>になったのはsoften「ソ(ー)フン」です。他に、<stl>から<sl>になったのはcastle「カースル」、nestle「ネッスル」、<stn>が<sn>になったのはfasten「ファースン」、listen「リッスン」、<stm>から<sm>になったのはChristmas「クリスマス」です。

誰もが変な発音だなと思ったWednesday「水曜日」も<dns>から<d>が落ちて、<ns>になったことから「ウェンズデイ」の発音になったと説明できます(15世紀頃から<d>が落ちたと考えられます)。handsome「ハンサム」も<d>が落ちた発音です。

さて、oftenはふつう「オ(ー)フン」と発音しますが、とくにイギリスの南部地方で「オフトン」と<t>を発音することもあります。これは昔の<t>の発音が残ったものではなく、つづりの影響で<t>を読む発音が流行したものです。これを「つづり字発音」といいます。Wednesday についても、「ウェドゥンズデイ」という「つづり字発音」がイギリスの中部地方の北の方で聞かれたそうです。

Q.30 gは「ジー」と発音するのに、なぜgirlは「ジール」ではないのか。

gはローマ字アルファベットの第7字です。もとはラテン語でgは「グ」と発音されました。その後、eとかiの前では、その影響でginger「ジンジャー（しょうが)」の「ジ」のように発音されるようになったのです。ラテン語から発達したフランス語では、アルファベットのgを「ジェ」と発音します。これと同じ原則で、英語のアルファベットgは「ジィー」と発音します。フランス語ではgの後に「エ」、英語では「イー」が現れるからです。

たいていは、このように「エ」、「イ(ー)」の前では「ジ」、それ以外では「グ」と発音されます。ところが、例外もけっこうあります。getでは「ゲット」と発音され、「ジェット」ではありません。getの「グ」は北欧語geta「ゲッタ」の影響で定着したものです。giveの「グ」にも同じく北欧語の影響がみられます。

girlがなぜ「ガール」と発音されるかについては、そのもとの形にさかのぼってみなければなりません。

girlが最初に英語に現れたのは13世紀頃からで、つづりはgurleでした。14世紀からgerle、gyrleもみられ、17世紀からgirlのつづりが一般化しました。このことから、girlのgはもとは「ウ」、または「ウ」と「イ」の中間のような音の前にあったのです。だから、当時は「グルル」と発音されました。この「ウ」の音は音質が不安定で、時にu、時にi(y)、時にeと書かれたのでしょう。上にあげたつづりはそのことを反映しています。なお、ir、ur、erは16世紀から18世紀にかけてすべて「アー」になり、「ガール」の発音が成立したのです。

一時はやった「ギャル」については、そのもとになる発音が18世紀から19世紀にかけてみられます。卑俗な方言の発音だったそうです。英国の大作家チャールズ・ディケンズ（1812-70）の作品にもみられます（You are a nice gal...）。

なお、「イ」や「エ」の前でも「グ」と発音されることをはっきり示すために、guというつづりがつかわれます。guilty「ギルティ」とかguess「ゲス」がそうです。この方法をつかってguirlとつづれば、「ガール」と発音するのがはっきりするかもしれません。16世紀にはguirleというつづりが実際にあったのです。

Q.31 単語の後ろにあるeが発音されない場合があるのはなぜか。

英語には発音されないeで終わる単語がたくさんあり、英語を習い始めた頃には誰しもつづりを覚えるときに、このeに悩まされたのではないでしょうか。

まずは簡単に、発音されないeで終わる単語がある理由からみていきましょう。古い英語ではeも発音されていましたが、次第に単語の後ろにあるeは弱く発音されるようになり、最後には消えてしまったのです。

しかし、発音はされなくても、つづりではこのeが残りました。たとえば、loveです。最後のeがなくとも「ラヴ」と読めますね。発音とつづりが同じほうが便利なのに、読まないeが今でも残っているのには、いくつかの理由があるのです。

実は、古い英語にはvという文字がありませんでした。vはフランス語から入ってきた文字で、それまではvの代わりにuをつかっていたのです。loveはloueとつづり、haveはhaueだったのです。ややこしいことにuは母音と子音の両方を表すのにつかわれていたので、発音はしないもののeを残しておくことで、eの前にあるu

が子音であることを示そうとしたのです。

また、別の目的でeが残されたり、新たにつけ加えられたりして定着したパターンもあります。たとえばeをつけなければつづりが同じになってしまう場合です。ミツバチのbeeにeがひとつしかなければ、動詞のbeと同じになり混乱してしまうのです。

次に、読まないeで終わる単語をいくつかあげます。die、tie、toe、lie、due。何か特徴に気がついたでしょうか。そう、みんな短い単語です。これは2文字の単語を避けようとしたためだといわれています。

Q.32 womanの複数形womenの発音はなぜ「ウォメン」でないのか。

woman「女性」はつづりからは「ウォマン」と発音していいはずですね。でも、「ウマン」†と発音されます。また、複数形womenにしても、つづりからは「ウォメン」となるはずですが、「ウィミン」と発音されます。複数形の最初のwo-の発音は「ウィ」ですね。つづりの「ウォ」でもないし、単数形の「ウ」でもありません。

つづりと実際の発音のちがいがどのように生じたのか、まず単数形からその歴史をたどってみましょう。

1000年前の英語ではwomanはwifmanとつづられていました。wif-は今のwife「妻」と同じ単語で、この頃は一般に「女性」の意味をもっていました。それで、wifとmanが結びつくと「女の人」、つまり「女性」という意味になります。発音は「ウィーフマン」でした。

ところが、13世紀頃に「ウィーフマン」の最初のwの影響を受けて、次の「イ」が「ウ」に変わったのです。これはwが唇を円くして発音する音だったので、次の「イ」も唇を円くして発音するようになり、「ウ」に近い音に変わったせいだとされています。fmがm(m)に変わり、fが落ちる現象も同じ頃に起きたので、wifmanから wum(m)an「ウ(ー)マン」になったのです。

come「カム」の項（Q.19）で説明しましたが、この頃は印刷技術がまだ発明されていなくて、すべて手書きでした。それで、m、n、w、u、vの前後のuはつづりをはっきり示すために、oと書かれるようになり、つづりはwomanとなったのです。ですから、womanの発音が「ウマン」であるのは、まずiがuに変わり、そのuをoで表したことから説明できます。

次に、複数形のwomen「ウィミン」の発音に移ります。

1000年前には、単数形wifmanに対応して複数形がwifmen「ウィーフメン」であったのは当然です。-manが-menになるのは、foot－feetの項（Q.55）で説明します（変母音複数）。ところが、上で説明した13世紀頃の単数のwi-がwu-になる変化が複数には起きなかったのです。なぜかというと、iがuになるのはその後にaがくる場合（つまり単数形-manのa）だけで、後にeがくる場合（複数形-menのe）には、iがそのまま変化しないで残ったからだとされるのです。ともかく、複数形のwo-というつづりは単数のwo-のつづりの影響を受けたものなのですが、発音については、1000年前の「ウィ」が残ったものとする説が有力なのです。

なお、women の -men が「ミン」となるのは、wo- が「ウィ」と発音されることから、men の e がこの「ウィ」の「ィ」と同じ発音になったためだと考えられます。同じ現象として、kitchen「キチン」の -chen で、e「エ」が「イ」と発音されるのがあげられます。「キチェン」が「キチン」になったのです。

このように、woman－women の発音のちがいを説明するだけでも、とても多くの音とつづりの変化を頭に入れなければならないのです。

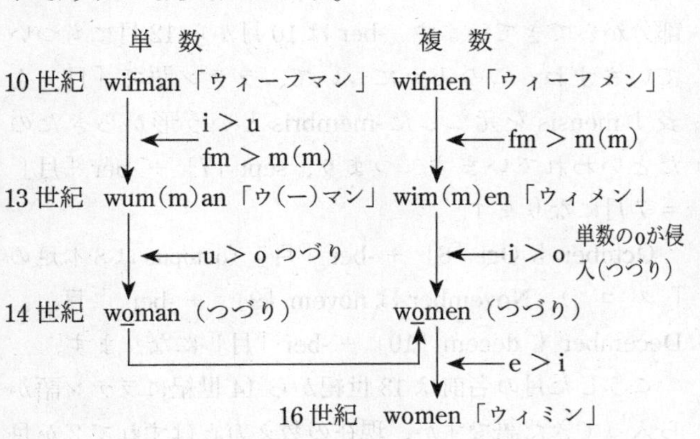

注 †[wúmən]　英語では「ウ」の前に [w] 音があります。

Q.33 なぜ September から December まで -ber がつくのか。

まず、September「9月」、October「10月」、November「11月」、December「12月」について、その起源を説明しましょう。

こうした月の名はすべて英語でなくラテン語なのです。September は「7」の意味の septem と -ber のふたつの部分からできています。-ber は10月から12月にもついていますね。この -ber について、ラテン語で「月」を表す mensis を元にした -membris という形からきたのだといわれています。つまり、sept「7」＋ -ber「月」＝7月になります。

October も Oct「8」＋ -ber「月」(octopus は8本足の「タコ」)、November は novem「9」＋ -ber「月」、December も decem「10」＋ -ber「月」になります。

こうした月の名前は13世紀から14世紀にラテン語から入ってきた語ですが、現在の数え方とはずれて2か月早くなっていますね。September は7月ではなく今では9月です。その理由は古代ローマのローマ暦では1年を10か月に分けて、現在の3月25日を1年の始まりとしていたので、現在の暦とずれています。

しかし、紀元前46年にユリウス暦が導入され、Ianuarius「1月」、Februarius「2月」がつけ加えられて、1年はIanuariusから始まることになりました。それでMartiusは1月から3月に変わりました。

（ローマ暦）		（ユリウス暦）	
		1月	Ianuarius
		2月	Februarius
1月	Martius	3月	Martius
2月	Aprilis	4月	Aprilis
3月	Maius	5月	Maius
4月	Junius	6月	Junius
5月	Quintilis	7月	Julius
6月	Sextilis	8月	Augusutus
7月	September	9月	September
8月	October	10月	October
9月	November	11月	November
10月	December	12月	December

さて、SeptemberからDecemberまでは「数字」＋「月」でその形が説明できますが、JanuaryからAugustまではそのような作りになっていません。

JulyとAugustは古代ローマのJulius Caesar（ジュリアス・シーザー）とAugustus Caesar（オーガスタス・シーザー）の名からつけられました。それぞれローマ暦のQuintilis「第5月」とSextilis「第6月」にあたります。Aprilは芽が開く月、または「愛の女神の月」の意味だとされています。

残りの月の名はローマの神の名からとられています。たとえばMarchはローマの軍神Marsに関係しています。

このように、暦の月の名はもともとラテン語でSeptemberからDecemberまでは「数」＋「月」からできていたので、「月」の語の終わりの部分に-berがついているのです。

Q.34 なぜ13から19まで -teen がついているのに、11と12にはつかないのか。

英語の数は13から19まではかなり単純な作りになっています。それは10世紀頃の英語でも変わりません。例をあげましょう。

13	threotiene	(thirteen)
14	feowertiene	(fourteen)
15	fiftiene	(fifteen)
16	siextiene	(sixteen)
17	seofontiene	(seventeen)
18	eahtatiene	(eighteen)
19	nigontiene	(nineteen)

昔の英語の最後についている -tiene が現在の -teen にあたることがはっきりわかります。まず、この -tiene (-teen) について説明しましょう。

-tiene はその形からなんとなく数詞の ten に似ていますね。それは tiene が数詞の10だったからです。昔の英語で10は tien でした。では、なぜ今は -ten ではなく

-teen〔ティーン〕なのでしょうか。数詞10は古くは長く発音されていました（tieneは〔ティーエネ〕でした）。13世紀頃になると、〔エ〕と短く発音されるようになりました（現代英語のtenの起源です）。ところが、長い発音は-teenに生きています。〔イー〕という発音が保持されたのは、thirty（30）の語尾の短い〔イ〕とはっきり区別するためだったのかもしれません。長短の音の違いによって、たとえばthirteen（13）とthirty（30）が混同されにくくなるというわけです。

「13」のthre-がthir-になったのは15世紀頃からで、これは現在のbird「鳥」がもとはbrid(d)だったのですが、-r-の位置が変わったことでbirdになったのと同じ現象です。

さて、11と12に話をすすめます。

11　enleofan　(eleven)
12　twelf　(twelve)

enleofan「11」の意味は、'(ten and) one left'「(10)と残りの1」だとされています。「1」は最初のen-、「残った」は後半の-leofanだったことになります。「10を数えたあとにまだ1が残っている」ということから「11」

になるわけです。

同じく、twelf 'twelve' も最初の twe- が数字の「2」で、後の部分の -l(i)f は enleofan「11」の -leofan と同じ意味をもっていたと考えられています。-l(i)f も -leofan も英語の leave「残す、残る」という意味で、もとは同じ語だったようです。

13－19 が基本数の 3－9 と 10 の組み合わせであるのに、11 と 12 だけが別の方法で作られていますが、これはヨーロッパでもかなり少数の言語だけにみられる現象です。たいていの言語は基本数の 1 と 2 に 10 を結びつけた形をつかっているのです。英語の仲間のゲルマン語（ドイツ語、北欧語など）のほかは、リトアニア語ぐらいにしか英語と同じ 11、12 の作り方はみられないとされます。

Q.35 once, twice, thrice にはなぜ -ce がつくのか。

昔話は once upon a time「昔ある時」という決まった文句で始まります。once は「昔」の意味です。once には「一度」の意味もあります。twice、thrice は「二度」、「三度」で、once と共通して -ce で終わっています。thrice は現在では文章語でしかつかわれていません。

では、この -ce は何でしょうか。once の歴史をさかのぼってみましょう。

once はもとは数詞の one「1」の変化した形なのです。-ce は今の英語の always の -s と同じものなのです。この -s は名詞につく所有格（属格）語尾で、名詞を副詞にする働きをしています。always は「いつも」の意味で、副詞です。

この -s 語尾は複数の語尾とまぎらわしく、しばしばまちがわれます。しかし、always を例にとると、700 年前には alles weis という形で、alles の -es も weis の -s も所有格（属格）の語尾です。all way は「ずっと」ですが、所有格になると「すべての場合、あらゆる時に」'at every time' の意味になります。

さて、onceですが、1200年頃からan ‘one’ の所有格形anes、onesとして現れはじめました。14世紀には-esのeが消えて、onsになったのです。この-sが「ズ」でなく「ス」であることをはっきりさせるために、つづりに-ceをつかいはじめたのは16世紀以降だといわれています（oneの複数形ones「ワンズ」では、「ズ」が残っているので-esというつづりがみられます）。

onceは所有格になると「1」から「一度、ある時」の意味になりました。そして、過去の文脈でつかわれると、「過去のある時」から「昔」になったのです。

twice「二度」、thrice「三度」もtwo、threeに所有格の語尾-es（後で-ce）がついた形なのです。once、twice、thriceの語尾にこうした共通の要素-ceがみられる理由はこれでわかります。

Q.36 fourth 以降に -th がつくのに、第1～3はなぜ first, second, third なのか。

数詞には one、two、three のように基本数（基数）と、first、second、third のように順番を示す序数があります。1～2については、one：first、two：second のように、とくに基数と序数の形に大きなちがいがあります。first は語尾の -st が示すように最上級の意味をもちます。つまり、「最もはじめ」の意味です。second はフランス語から入ってきたもので、「次の、続く」という意味です。second が13世紀に入ってくるまでは、other「その他の」が「2番」の意味でつかわれていました。1～3は数の上で最も基本的で重要なものとみなされていたせいで、基数と序数がかなり不規則な対応を示しています。Q.34 でふれましたが、third の元の形は thri- ですが、r と i の位置が変わり、16世紀には third が普及したのです。同じ現象は brid と bird の間にもみられます。

4以上の序数は fourth、fifth のように、1～3ほど重要な数ではないので、基数に -th を単純につけた規則的な形をしているのです。この -th は数千年前にさかのぼると、*-to-† になります。たとえば fourth の -th- も最上級を示す語尾で、「1から数えて、はじめから4つ目」という意味だったと考えられます。

このように、言語では一般に基本的で重要な語ほど不規則な形をもっているのです。

注 †単語の先頭についている星印（*）は、あまりにも昔なので確実な形ではなく、推定された形を示します。

Q.37 I（私）はなぜいつも大文字なのか。

I「私」は1000年前には現代ドイツ語のich「イッヒ」と似たic「イッチ」でした。この「イッチ」に近い発音は19世紀のイギリス南部方言に残っていました。uch「アッチ」、utchy「アッチィ」、cham「チャム」（I am）がそうです。

しかし、14世紀までに語尾の-chは落ち、新しく強調形I「イー」が作られました。この「イー」が15世紀以降に「アイ」になったのです。14世紀に長い「イー」の音をもっていた単語は原則としてみな「アイ」になります。drive「ドライブ」、find「ファインド」、rise「ライズ」は14世紀には「ドリーブ」、「フィーンド」、「リーズ」だったのです。

さて、印刷技術が発明される以前の中世の写本（手書きで写した本）では、iはj、I、yともつづられました。とくに、語尾ではiはきらわれて、yがつかわれました。今でもiで終わる語はないのですが、語中のiは許されます。たとえば、cityでは語尾のiの代わりにyが現れ、citiesでは語中に現れるのでiが許されています。

数字でⅰ、ⅱ、ⅲ（1、2、3）をつかうことがありますが、昔はij、iijのようにつづりました。iがつづいて書かれると、それぞれの文字が識別しにくいことからiの代わりにjをつかうようになったのです。

他方では、語尾のiはその下が伸ばされてjと書かれたのですが、単語の最初の部分でもiの上下が伸ばされてIと書かれました。こうしたことはiを明確に他の文字と区別するためだったのです。iが孤立しているときにも、単語の最初の部分（語頭）の扱いと同様にIがつかわれる習慣が定着しました。これがI（私）とつづられる理由です。

なお、iとjが別の音を表すようになったのは17世紀以降です。Q.31でふれましたが、vとuも昔は同じ音を示す記号とみなされていました。vを子音、uを母音につかい分ける習慣は17世紀に定着したのです。

定形がみられました。nylleにwon'tのもとになる形はみられません。

15世紀頃から否定形notが一般につかわれるようになりました。それではwon'tのwo-はいつ頃どのようにして現れたのでしょうか。12世紀頃からwilとともに、wulやwolといった形が現れはじめました。wulについては、wilのiがwの影響でuに近い音になったために生じたとされています。wolは、過去形wold-のoが現在形に入り込んだものとされています。wulとwolはしばしば混同してつかわれました。

won'tにはwol + notから予想されるlがありません。would、should、couldではlが書かれているのに発音されませんね。lは弱く発音される語（たとえば助動詞）では落ちることもあるのです（17世紀頃から）。また、lはnの前でも落ちることがあります。shall + notがshan'tになるのはそのためです。woln'tがwon'tになるのはこれで説明できますね。

won'tは「ウォウント」と発音されます。つづりから「ウオント」と読みたくなりますが、なぜ「ウ」が「オ」と「ン」の間にあるのでしょうか。

woln'tのoとlの間に、暗い響きをもつlの影響で暗い音色のu「ウ」が生じたからなのです。shoulder

「肩」についても、もとの形のsholderのoとlの間にuが発生して、16世紀にshoulderになったのです。そして、先に説明したように、nの前でlが脱落してwon't「ウォウント」になったのです。

ともかく、won'tはwill + notではありません。12世紀頃に現れたwolにnotがついて、それが短縮したものです。「ウ」の音の発生とその後のlの脱落で現在の「ウォウント」になったのです。

Q.39 hobbyの複数形はなぜyをiに変えてhobbiesとなるのか。

つづりは15世紀に印刷術がイギリスに導入されてからは安定してきたのですが、それ以前は同じ音をつづるのにも、別のアルファベット文字をつかうのがめずらしくなかったのです。たとえば、yはiやiiと同じものとみなされていました。

ill「病気」は14世紀から16世紀にかけてyllとつづられることもありました。kingは10世紀頃はcyningで、12世紀頃からking(e)というつづりが一般化しました。July「7月」はもとはラテン語Juliusですが、15世紀から17世紀前後にIuly、Iulij、Iulieといういろいろな形があったのには驚きますね。

印刷が普及するようになってからは、語の始め（語頭）と、語の中（語中）ではi、語の終わり（語末）ではyがつかわれる習慣が定まってきました。

yで終わる語では、その後に複数を示す-esなどの語尾がつく場合、そのyは語中に位置するようになりますが、上の習慣にしたがって、語中のyがiと書かれるようになったのです（Q.37を参照ください）。

hobby（y は語末）hobby + es（y は語中）→ hobbi-es
happy（y は語末）happy + er（y は語中）→ happi-er

ただし、例外がいくつかありますね。たとえば、play に -s がついても plaies にはならないで plays です。これは母音（ここでは a）の後の y は変わらないという習慣によります。

意味を区別するのに die「死ぬ」、dye「染める」のように、i と y がつかい分けられることもあります。die には 14 世紀に dye、dyde（過去形）、dye には 14 世紀から 19 世紀にかけて die、dei という形もあり、die と dye の区別はかなり最近に確立したようです。

このように y と i のつづりのつかい方にしても例外は多いのですが、16 世紀以降にそのつかい方の一般的な規則が確立したのです。hobby が hobbies になるのはそのように説明できます。

Q.40 なぜ write には w が、night には gh がついているのか。

writeは「ライト」と発音します。wは発音されません。どうしてwがあるのでしょうか。その答えは簡単です。かつてはwが発音されたからです。wが落ちたのは17世紀頃ですが、つづりには残ったままで、writeと書き続けられてきたのです。writeの発音の歴史を追ってみましょう。

14世紀	15世紀	16世紀	17世紀
ウリート	ウリイト	ウライト	ライト →

このように、16世紀まではwは発音されたのです。また、iも「イー」から「イイ」を経て「アイ」に変わり、現在の「ライト」の発音になったのです。

では、なぜwの発音が落ちたのでしょうか。難問ですが、wとrは連続して発音しにくかったのではないかと推測する学者もいます。ともかく、writeだけでなく、wとrが連続するwrestling「レスリング」、wrist「手首」、wrong「誤り」などでwは発音されなくなったのです。

wは他にも発音されないことがあります。たとえば、

answer「答える」でも17世紀にはwは発音されなくなりました。今の発音は「アンサー」ですね。同じ頃、two「2」でもwは落ちています。また、whoでもwが落ちて「フー」と発音されるようになったのです。

また、地名では、Greenwich「グリニジ」にみられるように、地名の後半部分の-wichは弱く発音されるので、wが発音されなくなったと考えられます。ふつう「グリンウィチ」とは発音されません。

発音されないのに書かれる文字を黙字といいます。英語にも黙字がけっこうあります。その代表例として、night「ナイト」のghがあげられます。nightの発音の歴史を追ってみましょう。iの部分はwriteのiと同じ発音の歴史をもちます。

14世紀	15世紀	16世紀
ニヒト	ニイト	ナイト →

つまり、nightは14世紀には「ニヒト」と発音され、ghは「ヒ」の音を示す文字だったのです。15世紀以降はこの「ヒ」は弱まって、17世紀にはスコットランド地方を除いて消えてしまったのです。

おもしろいことに、ghが発音されなくなったのに、つづりに残る例が多いことから、もともとghのない語にghを加えてしまう現象が生じたのです。
フランス語から入ってきた「喜び、愉快」を意味するdelight「ディライト」はもともと（13世紀）delit「デリート」とつづられ、ghはなかったのです。ところが、16世紀頃にghが加えられて、現在のdelightというつづりが一般につかわれるようになったのです。今の英語からだけでは、nightやlightのghがもともとあったもので、delightのghがもともとなかったものであることはわからないでしょう。

番外　イギリス英語とアメリカ英語のつづりのちがい。

イギリス英語とアメリカ英語は同じ単語でもつづりが少しちがうものがあります。有名なところでは colour → color、centre → center などで、単語の終わりのところが少しだけちがいます。これはどうしたことでしょうか。

1620年の暮れ、英国国教会を離れた人々がメイフラワー号に乗ってイギリス本土から大西洋を渡ってアメリカに上陸しました。彼らは100人あまりで、新たな教会を作ろうとしたのです。しかし、最初の冬で半数は命を落としました。厳しい気候と戦わなければならなかったのですが、新たな単語作りにも励まなくてはなりませんでした。

たとえば地名です。新たな土地に名前をつけなくてはならないのです。次第に増えるアメリカ移住者たちは、ネイティブアメリカンの言葉を利用したり、オランダ語やドイツ語を借りたりして名前をつけていきました。あるいは簡単に、イギリスの地名にNewをつけて良しとしました。たとえば、「ニュー・ヨーク」といった具合です。似たような発想は日本にもあり、明治期に開拓された北海道には「北広島」という地名があります。

ともかく、その後、新大陸では地名も含めアメリカ英語が育っていきました。そしてそのアメリカ英語をゆるぎないものにしようと精力を傾けたのがノア・ウェブスターです。『ウェブスター辞典』で今でも名高い、あのウェブスターです。彼は1780年代に三冊から成る初等英語教科書を出版しました。その中の一冊『アメリカ綴(つづ)り字法』(*American Speller*) は大変よく売れ、ウェブスター存命中だけで8,000万部を売り上げたといわれています。これは当時聖書に次ぐ売り上げで、冒頭にみたcolor、centerなどのつづりを根づかせたのもウェブスターだったのです。ウェブスターは、つづりをなるべく簡単にし、発音しやすいようにと考えたのでした。その情熱は並はずれており、年老いてからも印刷所を訪れ、theater、centerなどのつづりを統一するようお願いして回ったという話が残っています。

また、アメリカが1776年にイギリスから独立した時代背景を考えることも重要です。イギリスとのちがいを明確にし、アメリカの独自性を言語に求めたのです。しかし、言葉を管理することなどできるでしょうか。アメリカの土地は広大で、東と西では相当の時差があるほどです。当然、訛りや方言もあります。アフリカ系アメリカ人が話す独特の英語もあります。そして、ドイツ人、イタリア人、ユダヤ人など大量の移民が入り、言葉は混ざり合っていきました。これを考えると、colorやtheaterといったつづりを残しただけでもウェブスターは大変な仕事をしたといえるのではないでしょうか。

第3部

語にまつわる規則

Q.41 be動詞はなぜam, is, areと変わるのか。

まず、斜体部分に注目して、次の文をくらべてみましょう。

(a)「～はそれが大好きです」

現代英語	古英語（10世紀頃）
I *love* it.	Ic *lufie* hit.
He *loves* it.	He *lufath* hit.
They *love* it.	Hie *lufiath* hit.

(b)「～は生徒です」

I *am* a student.	Ic *eom* an leornere.
He *is* a student.	He *is* an leornere.
They *are* students.	Hie *beoth* leorneras.

現代英語をくらべてみると、(a)の文ではloveという同じ動詞をつかっていますが、(b)では、am、is、areとまったくちがう単語をつかっています。今から1000年前の古い英語（eom、is、beoth）でもそうでした。

am、is、areは、いわゆるbe動詞と呼ばれ、主語I / He / Theyのちがいによって「変化した」ものですが、まるで別の単語であるかのようにみえますね。

それでは、1000年前のbe動詞の現在形をくわしくみてみましょう。

単　数	1人称	eom	beo
	2人称	eart	bist
	3人称	is	bith
複　数	（全部の人称）	sind sindon earon	beoth

1000年前の形をみても、まだeom、eart、isなどは別々の単語にみえますね。

では、4000年前†にさかのぼりましょう。

*es-mi → eom → am
*es-ti → is → is
*er → earon → are††（複数）
*(e)s-enti → sind(on) → 消滅（複数）

am、is、areはその頃のes- / er-が変化したものなのです。たとえばamは、もともとes-に1人称の語尾-miがついた*es-miであったのがeomになり、さらにamになったと考えられています。

このように、大昔の語尾のちがいが、am、is、areのようなちがう語形を生み出したのです。

注 †インドからヨーロッパにかけて話されている言語の大部分は、もとは同じ言語(インド・ヨーロッパ祖語)にさかのぼることができます。

††areの古い形は1000年ほど前に*er-に複数語尾-onがついたものです。

Q.42 be 動詞の was, were, be はどこからきたのか。

be 動詞の現在形 am、is、are のちがいについては、es- / er- が変化したものであることはお話ししました。ここでは、be 動詞の過去形が amed、ised、ared ではなくなぜ was、were なのか、原形がなぜ be なのか考えてみましょう。

4000 年前の be 動詞は、なんと 3 つの動詞 es- / er-、be-、wes- / wer- から成り立っていました。es- / er- には「始動させる、ある」、be- は「生成する、なる」、wes- / wer- は「とどまる」で、基本的には同じ意味をもっていました。

英語の方言に I ben't というのがありますが、これは I am not の意味で昔の be の現在形の「なごり」です。

また、複数形 are の代わりに 19 世紀の文学作品に現れた be も昔の形のなごりです―― Who be they?「彼らは誰？」（バイロン）。方言や文学作品の古形をみると、英語の歴史を知ることができるのです。

以下は、今から 1000 年前の be 動詞の変化表です。（　）内は現代英語です。

現在形	単数	1人称	eom（am） beo（なし）
		2人称	eart（なし） bist（なし）
		3人称	is（is） bith（なし）
	複数	（全部の人称）	sind（なし） sindon（なし） beoth（なし） earon（are）
過去形	単数	1人称	wæs（was）
		2人称	wære（were）
		3人称	wæs（was）
	複数	（全部の人称）	wæron（were）
原　形			beon（be） wesan（なし）
現在分詞			beonde（being） wesende（なし）
過去分詞			（なし）（been）†

現在形と原形と現在分詞には2種類の単語のグループがありました。

ところが、長い年月が経つうちにつかわれなくなるものが出てきました。そして、一方の単語のグループだけが特定の用法（たとえば現在時制）でつかわれるようになったのです。たとえば、現在の意味ではes- / er-が、過去の意味ではwes- / wer-がつかわれるようになりました。1000年前の英語に、原形（wesan）や現在分詞形（wesende）があったのは、独立した単語wes- / wer-のなごりなのです。

wes- / wer-は現代英語では過去形だけに、またbe-はbe、being、been†だけに「生き残って」いるのはおもしろいですね。

注 †過去分詞のbeenは12世紀頃からみられます。

Q.43 なぜ、He comes のように動詞に -s をつけるのか。

動詞に -s のような語尾がつくのには理由があります。それは動詞がもっている文法的な意味を伝えるためです。

たとえば、10 世紀頃の英語では、come には次のようないろいろな語尾がついていました。

現在形

単　数	1 人称	cum-e
	2 人称	cym-(e)st
	3 人称	cym-(e)th
複　数	すべての人称	cum-ath

現代英語ではどんなに単純になってしまったかわかりますね。もし現代英語に -s が残っていなければ、文法的な意味を正確に伝えるのに不便なことになってしまうのです。

文法的な意味には時制、数、人称、法があります。具体的にいうと、時制には現在・過去、数には単数・複数、人称には 1 人称・2 人称・3 人称、法には命令法・仮定法などの意味があります。-s などの語尾はその文法的な意味を伝える働きをしています。

前の表でわかるように、元来、3人称単数現在の語尾は-sではなく-(e)thだったのです。-(e)thの代わりに-sがつかわれるようになったのはイギリス北部では10世紀頃から、南部ではずっと遅れて15世紀頃になってからです。ですから、イギリス南部のロンドン周辺では15世紀頃はcomethとcomesが同時につかわれていたことになります。

-(e)thから-sへどうして変わったかは、残念ながらまだわかっていません。それにしても、いろいろな語尾のうち、なぜ-sだけが現代英語に残ったのでしょう。文法的な意味を伝えるという働きもありますが、これは、sという音が強い摩擦的な響きをもっているために消えずに残ったとも考えられるのです。

Q.44 なぜ She haves ではなく、has をつかうのか。

haveの変化にはかなり不規則なところがありますね。havesではなくhas、havedではなくhadがつかわれるのは、ふつうの動詞（たとえばlove、loves、loved）とちがっています。

hasは昔からつかわれていたのでしょうか。前の項（Q.43）で説明しましたが、3人称の語尾として-sがつかわれるのはまずイギリスの北部で10世紀頃からぽつぽつ始まったことなのです。南部にまで広まったのは15世紀頃からで、しかもhasが優勢になったのはそれよりも少し遅れて17世紀後半からだといわれています。それまでは3人称の語尾は-(e)thと-sが共に用いられていました。

さて、1000年も前の昔の英語で、haveの変化はどうだったのでしょう。とても複雑にみえます。（　）の中の形は現代英語の形です。

現在形			過去形		
単数	1人称	hæbbe (have)	単数	1人称	hæfde (had)
	2人称	hæfst (have)		2人称	hæfdest (had)
	3人称	hæfth (has)		3人称	hæfde (had)
複数		habbath (have)	複数		hæfdon (had)

不定詞形
habban (have)

今の英語とちがうのは同じ語なのに-bb-と-f-、それにaとæが現れること、語尾が現在形では、-e、-st、-th、-ath、過去形では-de、-dest、-donであることです。

昔のhæbb-、hæf-がどのようにして今のhaveになったのか説明しましょう。ずっと昔（数千年前）hæbb-とhæf-は*habe-から発達しました（bは[b]と[v]の中間音です）。ともかく、habb-は現在形の単数1人称、複数（aとæのちがいは無視します）、そしてhæf-は現在形の単数2、3人称と、過去形のすべてに分かれて現れるようになりました。

ところが、13世紀頃からhæf-がすべてhav-になったのです。hæf-がhav-になったのは過去形のすべてで有声音[†]æ、dにはさまれたfが[v]と発音されたからでしょう。つづりのfは[f]と[v]のふたつの発音を示しました。昔の英語にはvの文字がなかったのです。さらに、[f]がこのようにして[v]になったことに影響されて、hæbb-〈habb-〉がhav-に統一され、一時はすべてhav-という形に統一されました。

さらに、14世紀から15世紀にかけて、vの後に子音がくるときに、このvが落ちるという現象が起こりました。hav-th、hav-s、hav-deについて、vの後には子音th、s、dが続きます。このようなときvが落ちて、hath、has、hadeになったのです。

はじめに説明したようにhasの-sは北部方言から出たもので、haveの3人称の形はもとはhæfthでした。そして、この-sが普及して、hæfthがhavsになりvが落ちてhasになったのです。

過去形の14～15世紀の形hadeについては、語尾のeが発音されなくなっていたので、つづりからもこのeが消えて今のhadになったのだといえるのです。

なお、[v]が子音の前で落ちるのはhad（<hæfde）だけではありません。ほかに、head（<heafd）、lady（<hlæfdige）などが例としてあげられます。

注 †有声音は発音するときにのどがふるえます。手をのどにあてると分かります。無声音にはふるえはありません。

Q.45 She can の can にはなぜ -s がつかないのか。

ふつう、動詞は3人称単数現在形で -s がつきますね（love－loves）。ところが、can は cans になりません。may も must も ought も will もそうですね。このように助動詞といわれるものには -s がつきません。それではこうした種類の動詞にはどうして -s のついた形がないのでしょう。1000年前の英語ではどうなっていたのでしょう。can を例にして変化形をみてみましょう。（　）の中の形は今の英語です。比較しやすいように、ふつうの動詞 love の変化も示しました。

現在形

単　数	1人称	cann（can）	lufie（love）
	2人称	canst（can）	lufast（love）
	3人称	cann（can）	lufath（loves）
複　数		cunnon（can）	lufiath（love）

上の表をみると、1000年前にも3人称単数で語尾（-s）がついていませんね。can の不規則な変化はずっと昔からのものだったのです。なお、ふつうの動詞 love

については、3人称単数で -th がついていますが、-th は16世紀から17世紀にかけて消え、代わりに北部方言で用いられていた -s が一般化しました。もちろん、昔の can にこの -th はついていません。

can に -s（古くは -th）がつかない理由を説明するには2000年以上も昔にさかのぼる必要があります。

先にあげた助動詞はゲルマン語では「過去・現在動詞」といわれます。過去形が現在完了に近い意味をもつようになったので、過去形（形が過去形であることに注目）が現在時制で用いられるようになったからです。

can についていうと、これはもともと過去形で、'I have learned'「知識を得た」という意味だったのですが、やがて 'I know'「知っている、〜の仕方を知っていて〜することができる」という現在時制の意味に変わり、もともとの現在形*kin- を押しのけて現在形として通用するようになったのです。

なお、過去形が現在形になってしまうと、当然なことに新しく過去形を作らなければ過去を示す過去形がなくなってしまいます。could がその新しい過去形なのです。

can がもともと過去形だったとすれば、現在形の3人称単数につく -th がないのはあたりまえということになります。このような理由で「過去・現在動詞」にあたる助動詞が-sをもたないことになるのです。

なお、1000年前のcanの変化で、単数のcan-と並んで複数形にcunnonがみられます。これは、begin－began－begunの変化にみられる母音の変化（i－â－u）と関連します。実は、古くは、過去形にも単数と複数の区別がありました。can-のaは過去の単数形であることを、cunnonのuは過去の複数形であることを示すものだったのです。つまり、cunnonという形も古くは過去形（複数）であったことを示す形なのです。1000年前のbeginの変化は過去の単数形begann、過去の複数形begunnon、過去分詞begunnenだったのです。

Q.46 goの過去は、なぜgoedでなくwentなのか。

goの過去形がwentという別の単語なのはなぜでしょう。まず、1000年前のgoの変化をみてみましょう。（　）内は現代英語です。

現在形	単　数	1人称	ga（go）
		2人称	gæst（go）
		3人称	gæth（goes）
	複　数	（全部の人称）	gath（go）
過去形	単　数	1人称	eode（なし）
		2人称	eodest（なし）
		3人称	eode（なし）
	複　数	（全部の人称）	eodon（なし）

昔、goの過去形はeodeという、goにもwentにも似ても似つかない単語をつかっていました。実は、goはそもそも「現在形しかない」特殊な動詞で、昔は別の動詞*ya-「行く」の過去形eodeをつかっていたのです。

ところが、このeodeは15世紀頃に消えて、別の動詞 went が go の過去形になったのです。went は動詞 wend「行く、方向を変える」の過去形でした。eode に代わって went がつかわれたのは、went のほうが意味も発音も明確だったからでしょう。その後、この wend という動詞はすたれてしまい、今では go の過去形だけに生き残っています。

ただし、イギリス北部では、過去形に went ではなく gæd がつかわれていたのはおもしろい現象です。

go－went のように、変化形の一部を他の単語からもってくるのは、形容詞の比較 good－better にもみられる現象です。前の項（Q.41）で紹介したように、be 動詞の変化も 3 つの独立した単語を組み合わせたもので、これも同じ現象です。

Q.47 英語にはどうして規則動詞と不規則動詞があるのか。

動詞には過去形や過去分詞形に -(e)d がつく規則動詞と、それ以外のやや複雑な変化をする不規則動詞がありますね。それでは、規則動詞と不規則動詞は同じように昔からあったのでしょうか。

ヨーロッパの言語のもとになっているインド・ヨーロッパ祖語は紀元前2000年にまでさかのぼれます。その頃はどうだったのでしょうか。

インド・ヨーロッパ祖語では不規則動詞だけしかありませんでした。規則動詞はまだ発達していなかったのです。

不規則動詞の話をしましょう。インド・ヨーロッパ祖語では、アクセント（音の高低・強弱）のちがいが、文法的な働きのちがいと関連していました。つまり、同じ単語でも文中での働きによって、母音の質と量（長・短）がちがうという現象がありました。今の英語でも、「歌」について、動作を示すのに sing、名詞では song ですね。母音の i と o のちがいは文法的な働きのちがいと関連しています。また、現在形 sing、過去形 sang、過去分詞 sung の変化では、i－æ－ʌ の発音のちがいがあります。これが代表的な「母音交替」という現象なのです。

インド・ヨーロッパ祖語の時代からあった「母音交替」は今から2000年前にさかのぼるゲルマン祖語の時代になると、動詞の不規則変化の型（類）をはっきり示すようになりました。この時代には不規則変化は母音の交替（母音の組み合わせ）の型によってほぼ6類に分かれました。

第4類に属する動詞 bear「生む、運ぶ」を例にあげて説明しましょう。第4類の母音の交替はインド・ヨーロッパ祖語では現在形 e「エ」、過去単数形 o「オ」、過去複数 eː「エー」、過去分詞は母音はなし、という型を示しました。昔は過去形に単数と複数の区別があったのです。過去形の単数と複数の区別がなくなって、ひとつに統一されるようになったのはイギリス北西部で14世紀、中・南部で16世紀以降のことです。

bear の過去単数形として15世紀には ber、bar、また過去複数形として beren がみられました。

bear の母音交替の歴史をみましょう。

	現在	過去(単数)	過去(複数)	過去分詞
インド・ヨーロッパ祖語	e	o	eː	母音なし
ゲルマン祖語	e	a	æː	o
英語（10世紀）	e	æ	æː	o
（16世紀）	e	o	o	o
現代英語	<bear>	<bore>	<bore>	<born>

この第4類に属する動詞にcwelan「死ぬ die」、stelan「盗む steal」、teran「裂く tear」があります。各類の代表例をあげます（1000年前の英語）。第1類 drifan「走らせる drive」、writan「書く write」、第2類 ceosan「選ぶ choose」、fleogan「飛ぶ fly」、第3類 bindan「しばる bind」、(be)ginnan「始める begin」、第5類 gifan「与える give」、wesan「be動詞の過去形 was」、第6類 dragan「引く draw」、faran「行く・暮らす fare」。今では母音の変化はずいぶんと単純化されましたが、不規則変化の基本は大昔のインド・ヨーロッパ祖語にあったのです。

さて、規則変化はどうだったのでしょうか。これはやや遅れて現れました。というのは、規則動詞は英語の仲間のゲルマン語（ドイツ語や北欧語）だけにみられるからです。つまり、今から2000年くらい前、ゲルマン祖語の時代に現れたのです。

この種類の動詞には語尾-dや-tがつきます。原則として母音は変化しません。変化する場合も多くは今から1400年前におきた「母音変異」[†]によるものなのです(Q.32参照)。たとえば、seek – sought – soughtでは、母音は変わりますが、このちがいは6世紀頃に起きた「母音変異」によるもので、母音交替ではありません。seekは歴史的にみれば、語尾にtがついていることからも規則動詞なのです。でも、現代英語だけみたのでは、「母音交替」と「母音変異」は区別できません。

規則動詞の語尾-dや-tは「行う」という意味のdoの過去形に由来するものだといわれています。つまり、規則動詞が作られはじめた頃には、名詞にこのdoをつけて新しく規則動詞を作ったので、過去・過去分詞の語尾にこのdoの活用の一部が残ったというのです。

このように、不規則変化をした動詞でも、やや遅れて規則変化をする動詞が作られました。そして、13世紀頃から規則動詞が増える傾向が強くなって、今では不規則動詞は日常的によくつかわれる動詞に限られるようになったのです。

注 [†]母音変異は、後続する母音の影響をうけてその母音の音質に近いものに変わる現象。たとえば、manの複数形は*mann-izでしたが、iの影響でaがeに変わり現在の複数形menができました。複数語尾の-izは母音変異が起きたあと、消滅しました。seekについて、不定詞・現在形*sokj-のoがjの影響で、eに変わりました。ただし、過去形ではjがなかったので、母音変異は起きず、sok-のままでした。同じ現象をQ.55でも扱います。

Q.48 readは現在も過去も同じ形で、なぜ発音がちがうのか。

read「読む」は現在形read「リード」、過去と過去分詞もつづりはreadで同じですが、発音は「レッド」ですね。つづりについて、現在、過去、過去分詞でまったく同じなのはどうしてでしょうか。そして、つづりが同じなのに、発音が「リード」と「レッド」の場合があるのはどうしてでしょうか。この疑問を解くにはやはり昔の英語にさかのぼらなくてはならないのです。

readの変化は10世紀頃には次のようになります（不規則な過去形reordもありますが、じきに消えたので省略します）。

		現在形	過去形	過去分詞
単数	1人称	ræd-e	ræd-de	ræd-(e)d
	2人称	ræd-est	ræd-dest	
	3人称	ræd-eth>rætt>ræt	ræd-de	
複数		ræd-ath	ræd-don	

こうした変化形のすべてで、語尾を除いた部分ræd-

は「レード」と発音されました。つまり、現在、過去、過去分詞ですべて長い「エー」が現れていたのです。ところが、13世紀頃に子音が重なると長い母音が短くなる変化が起きたのです。二重の子音が現れるのは過去形と過去分詞形です（rædd-）。それで、今の短い「レッド」の発音が生まれたのです。

同じ現象として説明できるのはlead「導く」です。現在形lead「リード」、過去、過去分詞がled「レッド」になりますね。これも13世紀頃に起きた現象で、二重の子音の前では母音が短くなったことからできたものです。

今では、同じ子音がつづりで重なっても、これをひとつずつ発音しません（runnerは「ランナー」と発音しないで、「ラナー」と発音します）。ところが、11世紀頃まではこの二重子音をちゃんと発音したらしいのです。だからこそつづりに残っているのです。一般に、13世紀頃からこの二重子音の前で長い母音が短くなったのですが、今でも二重子音の前の母音が短く発音されるのが原則となっているのはこうした現象と関係しているからです。

現在形read「リード」については、15世紀頃に長い「エー」が「イー」に変わる現象によって説明できます（短い「エ」は変化しません）。

	10世紀	13世紀	15世紀
現在形	エー 「レード」		イー → 「リード」
過去・過去分詞	エー 「レード」	エ → 「レッド」	

最後に、語尾の -dd(e) が短縮されて、-d と単純につづられるようになったのは17世紀頃からです。その結果、つづりはすべて read、発音には「リード」と「レッド」の区別ができたのです。

Q.49 hurt はなぜ現在、過去、過去分詞で同じ形なのか。

hurt「～にけがをさせる」が英語に現れ始めたのは13世紀頃からです。この頃に、古いフランス語（中世フランス語）から入ってきたと考えられます。この頃のフランス語の形は hurter（イタリア語で urtare）でした。現代フランス語は heurter です。

外国語から入ってきた動詞はたいてい規則動詞の変化をします。つまり、過去、過去分詞に -d とか -t がつきます。13世紀に英語に入ってきたときには過去形は hurt-ed(e)、過去分詞は hurt-ed のように変化したはずです。hurted という規則的な形が18世紀から19世紀頃まで残っていたのです。

さて、動詞の基本形（語幹）が t で終わるとき、過去、過去分詞の語尾 -ed(e) はその直前の t と一緒になって、-tt(e) になるのが原則でした。これは1000年前からみられる現象です。したがって、hurt の過去形は hurt-ed(e) から hurt-t(e) になりました。過去分詞も同じく hurt-ed から hurt-t になったのです。hurtt という形は16世紀にみられます。そして、語尾の -tt はひとつの -t に短縮したのです。それで、過去、過去分詞はhurt-t(e) からhurtになって、現在形のhurtと形が同じになったのです。

これと同じ現象がcut「切る」にも起きました。cutも13世紀から14世紀にかけて英語に現れはじめた単語です。規則動詞として、-ed(e) が過去、過去分詞形につきますが、本来のcut-ed(e) やcut-t(e) は14世紀にはすでにcutになっていたようです。

hurtやcutはみかけは不規則な変化をしますが、実際には規則動詞につきものの語尾-ed(e) がついた形から、語幹のtの音に同化した-tt(e) をもつようになり、次に-ttが-tに単純化して、結局はすべて同じ形になったのです。このように、現代英語のみかけだけではhurtやcutが規則動詞だったということはわかりにくいのです。

Q.50 mustには過去形mustedがないのはなぜか。

must「ねばならない」を過去の意味にするにはhad toをつかわねばなりません。では、must-edのように、そのままmustを過去形にしないのはなぜでしょう。この疑問に答えるには昔の英語をふりかえる必要があります。

mustの1000年前の変化は次のようになります（直説法）。昔はちゃんと過去形moste / moston「ねばならなかった」があったのです。

現在時制	単　数	1、3人称	mot
		2人称	most
	複　数		moton
過去時制	単　数		moste
	複　数		moston

今の英語のmustは過去形moste(n)に対応する形ですが、意味は過去ではありません。実は、今のmustは過去形ですが、仮定法の過去形moste（単数）、mosten

（複数）に由来するものなのです。しかし、14世紀頃から仮定法の過去形が現在形とほとんど同じ意味でつかわれるようになりました。本来の現在形motは16世紀にはほとんど消えてしまいました。

このように、仮定法過去形のmustが「ねばならない」という意味で現在形と意識されるようになったのです。同じ現象はowe「負う」の仮定法過去形ought「〜すべきである」にも起こりました。

mustはもとは（仮定法）過去形だったのです。さらにこれをmust-edのようにするわけにはいかなかったので、同じ意味のhave toの過去形had toをつかうようになったのです。

Q.51 aはなぜanになるのか。

今の英語だけをみるとaがふつうの形でanが母音の前にだけ現れることから、aが基本形と思ってしまいます。それで、「aはなぜanになるのか」という疑問が生まれます。しかし、英語の歴史を背景にこの現象をながめると、むしろ「anはなぜaになるのか」という設問の仕方が適切なのです。

aやanは単数名詞の前でのみつかわれ、複数名詞とは一緒につかわれません。どうしてでしょうか。これはaやanを理解するのにとても重要なことなのです。というのは、aやanはもともと数詞の「1」だったのです。「ひとつ」の意味の数詞が複数名詞につくわけがありませんね。

昔の英語では数詞の「1」はanでした。数詞anはその「数」としての意味が弱まると、不定冠詞†に発達するようになったのです。たとえば、A cow gives us milk.「雌牛はミルクが出る」では、aは一頭を指すよりも、むしろ雌牛全体を表しています。

昔の数詞anは文の中でいろいろ語形が変わりました。

次の例をみてください。

[He has ... の文]
He hæfth anne sunu.「彼には息子が一人いる」
He hæfth ane dohtor.「彼には娘が一人いる」
He hæfth an wif.「彼には妻が一人いる」

an はそれがつく名詞によって形が変わります。昔の英語では名詞に男性名詞（例 sunu「息子」）、女性名詞（例 dohtor「娘」）、中性名詞（例 wif「妻」）があり、それぞれにつく an が変化したのです[††]。今の英語にこの複雑な変化が残っていないのは、私たちにとってありがたいことです。

さて、数詞の an はもとのはっきりした発音をもち続けたのですが、冠詞になった an は弱く発音されるようになりました。そして、13 世紀以降に、母音（または <h>）で始まる語の前では an が、子音の前では n が落ちた a になったのです。母音の前で an なのは、英語では母音と母音が続いて発音されるのをきらう現象があるからだといわれています。

an が an と a に分かれたのは、min(e)[†††] が mine と my に分かれたのと同じ「n の脱落」という現象によるものです。ですから、歴史的にみれば、「an はなぜ a になるのか」の質問のほうが適切なのです。

注 [†]冠詞とは、名詞の前につけて軽い限定を与える語で、限定の意味が強い定冠詞は the、弱いのが不定冠詞の a、an です。

[††]ここで名詞が目的格なので、an も目的格の語形になっています。

[†††]Q.58「なぜ、mine だけ -s がつかないのか」を参照。

Q.52 なぜ you は複数も you なのか。

代名詞は単数と複数で形がちがうのがふつうです。I の複数は we で、he / she / it の複数は they ですね。では、you はどうして単数と複数で同じ形なのでしょう。

実は、昔の英語には単数 thu（スー）「あなた」と、複数 ge（イェー）「あなたがた」の区別があったのです。また、昔は「私たち二人」、「あなたがた二人」[†] という特別な語もあったのですが、これは13世紀に消えました。

ic「私」	we「私たち」	wit「私たち二人」
thu「あなた」	ge「あなたがた」	git「あなたがた二人」

ge がどのように you になったかをまず問題にしましょう。つづり字が g から y に変わりました。g はもとは（グ）と発音したのですが、ge では（イェー）と発音されるようになり、その後 ye とつづられるようになりました。これは主語につかわれる形で、目的語は you でした。

ところが、14世紀頃からyeの代わりにだんだんとyouが主語につかわれるようになり、結局はyouが主語にも目的語にもなって、17世紀にはyeは消えてしまいました。このことからわかるように、youはもとは複数の「あなたがた」という意味だけをもち、単数の「あなた」は別の単語thuをつかっていました。

次に問題となるのは、なぜ複数のyouが単数でもつかわれるようになったかです。単数はもとはthu / thouで、形からしてyouとはだいぶちがいますね。thouは今でも聖書の古めかしい表現に残っています――Thou shalt not kill.「なんじ殺すなかれ」。今ではYou must not kill.がつかわれるでしょう。このようにthouは今ではほとんどつかわれません。では、youがthouの代わりに単数でもつかわれるようになったのはどうしてでしょうか。

それは、13世紀頃から敬意を示す表現として、複数のyouを相手一人にもつかうようになったからだといわれています。つまり、単数のthouは目上の者から目下の者に対して、または親しい者同士でつかわれたのですが、thouとyouとどちらにするべきか迷うとき、youをつかうほうが無難だったのです。このように複数のyouを一人の相手につかうのを「ていねいな呼び掛け」

といいます。

これは、ローマ帝国の皇帝が数人で共同して国を統治していたときの「君主の複数」が発達して、支配者が一人であってもこの複数形を目下の者がつかったからであるらしいのです。この用法がローマ帝国のラテン語から、中世フランス語を経由してイギリスに入ってきたのは13世紀頃だといわれています。

なお、youが単数と複数の両方につかわれると、単数だか複数だかまぎらわしいときがあります。そのようなときは、youの後に複数であることを示す語をつけ加えるのです── What are you all doing?「君たちは何をしているのだね」。

このように、youはもともと複数形で、単数のyouは後から発達したものです。ですから、歴史的には「なぜyouは単数もyouなのか」という質問の仕方が適切なのです。

注 †両数といいます。

Q.53 なぜ単数の you にも are がつかわれるのか。

2人称代名詞は10世紀頃と今ではずいぶんちがいます。10世紀の形は次のようになります（どれが you にあたるのか注意してください）。

	主　語	目的語	所有格
単数「あなた」	thu（thou）	the（thee）	thin（thine / thy）
両数「あなたたち二人」	git（=you two）	inc（=you two）	incer（=of you two）
複数「あなたたち」	ge（you）	eow（you）	eower（your）

単数で thu（thou）がつかわれていましたが、今では you がふつうですね。「あなたたち二人」の意味の両数 git は13世紀までにほぼ消えてしまいました。また、14世紀から複数の主語 ge（ye）の代わりに you がつかわれはじめ、17世紀には複数はすべて you に統一されました。単数の thu（thou）が消えて、代わりに複数の you がつかわれるようになったのは13世紀末以降ですが、その理由については、「なぜ you の複数も you なのか」の項（Q.52）で説明しました。要するに、複数の you をつかった方が相手（一人）に敬意を示すと意識さ

れるようになったからです。

さてbe動詞の変化ですが、10世紀ではthu、geの後で次のように区別がありました。（　）内は現代英語の形です。

	主語	be動詞
単数	thu	eart（artほぼ消える）　bist（なし）
複数	ge	sind / sindon（なし）、earon / aron（are）、beoth（なし）

「be動詞はなぜam、is、areと変わるのか」の項（Q.41）で説明しましたが、be動詞はes- / er-、be、wes- / wer-というまったくちがう3つの動詞の変化形が組み合わされています。

単数thuにはes- / er-の変化形eartとbe-の変化形bistがつかわれましたが、現在は古めかしい聖書でthou artが残っているだけです。

複数のge（後にyou）にはes- / er-の変化形sind / sindonとbeothが消えて、earon / aronがareとして残っています。10世紀頃にはearon / aronはイギリスの中部や北部を中心に現れるという地域限定の形でもありました。

ここまでくれば、なぜ複数のareが単数のyouにもつかわれるようになったのかわかりますね。つまり、2人称単数の thou art などの表現が消えて、複数の you are がそのままの組み合わせで単数にもつかわれるようになったからです。are が単数にもつかわれるようになったのは、you が thou の代わりに現れるようになった14世紀から17世紀にかけてであると考えられます。

ただし、過去形では単数の you とともに was が16世紀から18世紀にかけてよくみられました。次の例は19世紀のものです。

I felt sure that you was angry with me.
「あなたが私に怒っていると確信していた」

Q.54 childの複数形はなぜchildrenなのか。

child「チャイルド」の最も古い形は*kilth-で、2000年前にまでさかのぼれます。英語と同じ仲間のゲルマン語で古い語形を残しているゴート語（6世紀頃）にkilthei「子宮」、inkiltho「妊婦」があり、「子宮」と関係する意味だったようです。ドイツ語では子供はKindですが、これはken-「産む」と関係があり、英語ではkin(d)「家族、同族、種」に残っています。ともかく、英語のchildもドイツ語のKindも産むことと関連する意味をもっていました。

さて、単数のchild「チャイルド」と複数のchildren「チルドレン」では、「アイ」と「イ」、それから語尾では-renのちがいがあります。まず、語尾の-renについて話しましょう。

複数の語尾について知っておかなければならないのは、古い英語では複数形を作るのに、今の英語では考えられないほど、いろいろな方法があったことです。そして、その多くの方法が900年ほど前からはげしく単純化してきたのです（-sに統一される方向にむかっていました）。

ですから、今の「不規則」な形は昔はかならずしも「不規則」ではなく、複数を作るいろいろな方法のひとつだったのです。

lamb「小羊」、calf「子牛」、egg「玉子」、それにchild「子供」はchildをのぞいて今ではみな-s複数形をとります。ところが、こうした単語はすべて1000年前の英語では-rをつけて複数形を作ったのです。たとえば、lambru、cealfru、ægru、cildruです。

次に-enについて話しましょう。-enは現在ではox「雄牛」の複数形oxenに残っていますが、この語尾は1000年前の英語では実に多くの単語について、複数形を作ったのです。それが800年ぐらい前から-s語尾をとるようになって、今ではほとんど残っていません。昔は、sunne「太陽」、eage「目」、foda「食物」、eorthe「大地」、heorte「心」など多くの基本的な単語が-en語尾をとったのです。

それで、childrenでは、-rと-enは両方とも複数を示す語尾ということになり、二重の複数形となります。-enがついたのは12世紀頃からです。この頃、複数形を作る方法が急速に変わり、-sに統一されるようになったので、伝統的な複数語尾がそれと意識されにくくなったと考えられます。つまり、-rが複数語尾としてはっきり意識されなくなったために、さらに -en 語尾をつけて複数の意味をはっきりさせたのです。また、日常的によくつかう語には不規則な形がいつまでも残る傾向がありますが、-en は children、oxen など基本的な語に残ったのです。

さて、「アイ」と「イ」の発音のちがいは、9 世紀頃に起きた「イ」と「イー」のちがいにその始まりがあります。この頃、短い母音が -ld の前では長く発音されるという変化が起きたのです。たとえば、今の gold「ゴールド」は 9 世紀以前は「ゴルド」だったのです。9 世紀前には cild「チルド」、それから「チールド」となり、16 世紀から 18 世紀にかけて「チャイルド」になったのです（「イー」が「アイ」になるのは time の項（Q.20）で説明しました）。

ところが、「イ」が「イー」にならない場合もありました。それは -ld の後に別の子音（ここでは r）が続くと長くはならなかったのです。ですから、「チャイルド」と「チルドレン」の発音のちがいは 9 世紀頃の「イ」が「イー」になる変化にそもそもの原因があるのです。

	9世紀以前	10世紀	15世紀	16世紀
child	イ 「チルド」	イー 「チールド」	イィ 「チイルド」	アイ → 「チャイルド」
childr(en)	イ → 「チルドレ(ン)」	(12世紀) → 「チルドレン」		

Q.55 footの複数形はなぜfeetなのか。

foot － feet、goose － geese「がちょう（鳥）」、tooth － teethなどでは、単数と複数の組み合わせにoo － eeのちがいがみられます。英語ではふつう-sをつけて複数形を作るのですから、foot － foots、goose － gooses、tooth － toothsであっていいはずですね。

こうした「不規則」な複数形は、今の英語だけからみれば確かに「不規則」なのですが、遠い昔、つまり今から1400年ほど前にさかのぼると、今ほどは「不規則」な形ではなかったのです。では、どのようにしてこのようなoo － eeのちがいができて、それが単数と複数のちがいを示すようになったのでしょうか。

今から2000年前までさかのぼるとfootは単数で*fot-「フォート」、複数でも*fot-という同じ基本形をしていました。複数を示す語尾は-izでした。それで、*fot-iz「フォーティズ」が複数形だったのです。これと同じ型はgoose、toothにもみられました。複数形は*gans-iz、*tanth-izでした（*gan-のaはnが落ちたので、長い「オー」になりました）。

ところが、6世紀頃に複数語尾 -iz の i の影響で基本形の母音（ここでは o）が i に近い音に変わったのです（*gees-iz）。この変化を「母音変異」といいます。英語の仲間である他のゲルマン語（ドイツ語、北欧語）にも生じました（ドイツ語では「ウムラウト」といいます）。それで、母音がこのように変わる複数形を「変母音複数」というのです。ところが、この母音変異を引き起こした張本人の語尾 -iz はそれからじきに消えてしまったのです。それで、結局は、母音のちがいだけが単数と複数のちがいを示すようになったのです。

昔の英語にはこの「変母音複数」がかなり多かったのです。foot − feet の型のほかに、man − men「人」、mouse − mice「ねずみ」、それに brother − brethren「仲間」などがあります。brethren では brothers とは意味もちがってきました。しかし、book − beek「本」のような変化は12世紀には一般の型に合流して、book − books になってしまったのです。beek という「不規則」な母音変異形が残らなかったのは foot ほど日常的につかわれる基本的な単語ではなかったからです。12世紀はそれまでのいろいろな複数語尾が急速に -s 語尾をつける型に合流した時期なのです。

ともかく、英語の不規則な変化の多くが6世紀に起きた「母音変異」によって説明できるのです。名詞の複数形だけでなく、形容詞の比較変化などにも「母音変異」による「不規則」な形がみられます—— old － elder。

また、long － length、sale － sell、fall － fell、blood「血」－ bleed「出血させる」、grow「成長する」－ green「緑」などの多くの変化も説明できます。たいへんに大きな影響を与えた変化だったことがわかりますね。

さて、foot「フット」の発音の説明をしましょう。この単語は2000年前には「オー」という長い音をもっていたのですが、15世紀に「オー」から「ウー」に変わり、さらに16世紀に長い「ウー」が短い「ウ」に変わったのです。これと同じ変化はbookやgoodにもみられます。

	14世紀	15世紀	16世紀
	オー	ウー	ウ →
foot	「フォート」	「フート」	「フット」
book	「ボーク」	「ブーク」	「ブック」
good	「ゴード」	「グード」	「グッド」

複数形のfeet「フィート」は単数形ほど大きくは変わらなかったのですが、それでも15世紀頃に「フェート」から「フィート」に変わりました。15世紀は英語

の長い母音の質が大きく変わる節目だったのです。今の英語で、発音が「イー」なのに、つづりがe(e)の単語がけっこうありますね。これは15世紀に「エー」から「イー」に発音が変わったのに、つづりがそのままだったことから説明できるのです。代表的な例としてbe「いる、ある」、bee「蜂」、meet「会う」があります。

Q.56 sheepの複数形はなぜそのままなのか。

現在では英語の複数形は-s語尾をつけて作られるのが大部分です。例外として、foot − feet、man − menのように語尾はつけないけれども母音を変化させる語があります。また、ox − oxen、child − childrenのように-sとはちがう語尾-en、-renをつけるものもあります。

ところが、sheepについては、-s語尾がつかないだけでなく、母音が変わることもない「不変化複数」がみられます。

このような「不変化複数」は今の英語ではそう多くないのですが、そのなかでも魚、鳥、獣の名を示す語にこの「不変化複数」がよくみられます。たとえば、sheep「羊」、swine「豚」、deer「鹿」などが代表的なものです。

では、こうした単語は1000年前にはどのような複数形をもっていたのでしょうか。実は1000年前の単数形sceap「シェーアプ」、swin「スウィーン」、deor「デーオル」は複数語尾をとらない形だったのです。これらの名詞はすべて中性名詞†で、2000年以上前には複数語尾-o（後に-u）をもっていたのですが、語幹††が長い音節

の場合にはこの -o が落ちてしまったのです。ですから、sheep、swine、deer の複数形に語尾が何もつかないのは1000年以上も前からのことなのです。

しかし、複数語尾のない中性名詞はほかにも多くありました。たとえば、wif「妻、女」、word「語」、hus「家」、land「国」、thing「物」などです。しかし、今では -s 語尾をとる複数形をもっています。sheep、swine、deer が -s 語尾をとらないままであったのは、こうした語が fish と同じように集合的な意味をもっていたためだと考えられます。つまり、群れを作ることが多かったからだと考えられます。

fish「魚」は今では単数と複数が同じことが多いのですが、この fish は1000年前には男性名詞で、複数には -s 語尾がついたのです。今では fish はふつう集合名詞とみられています。つまり、魚を集合体として一単位とみなすようになり、fish は同じ種類の場合には -s 語尾をとらなくなったのです。これは14世紀頃から始まったようです。複数の種類を指すときには fishes という複数形がつかわれることもありますが、ふつう～ kinds of fish という表現が好まれるようです。fish の場合には、単数形が複数の意味でつかわれるようになって、複数形 fishes があまりつかわれなくなったと考えられます。しかし、sheep、swine、deerではもともと単数形と複数形は同じ形だったのです。

注 [†]中性名詞：1000年前の英語にはドイツ語と同じように男性名詞、中性名詞、女性名詞の区別があり、それぞれ特有の語形変化をしました。なお、意味が女性でも必ずしも女性名詞とは限らないことも注意すべきところです。たとえば、wif「妻、女」は中性名詞です。

[††]語幹：いわゆる語尾変化を除いた後に残る単語の最も基本的な部分。fishesの語幹はfishで、-esは語尾変化の部分。

Q.57 knifeの複数形はなぜknivesなのか。

英語では1000年以上も前から、f、th、sなど強い摩擦をともなう音が単語の終わり（語尾）にくるときは、無声音の[f、θ、s]、他の音に前後をはさまれるときは(語中では)、有声音の[v、ð、z]になる傾向があります。

knife「ナイフ」のfは語尾にあたるので「フ」（eは発音されません)、knives「ナイブズ」ではiとesにはさまれているので「ブ」と発音されます。wifeとwives、halfとhalves、leaf「葉」とleavesも同じように説明できます。

数詞のfive「ファイブ」とfifth「フィフス」、fifteen「フィフティーン」、fifty「フィフティー」で、「ブ」と「フ」が現れます。fiveのvはiとeにはさまれた変化形に由来するものです（eは発音されました)。fifth、fifteen、fiftyでは、fの次にくる無声音のtの影響で有声音のvにはならないで、無声音のfが現れます。このように、前後の音の性質によって、同じ単語でも発音がちがってくるのです。

ところで、fが[v]と発音される現象は1000年前の英語でもあったのですが、つづりにはvがあらわれず、fifeでした（数詞の4〈feower〉から19〈nigontiene〉には、語尾にeがつくことがありました）。それでfifeは「フィーベ」と発音されたのです。「フィーベ」であればfiveとつづられるのが自然にみえます。ところが1000年前の英語ではアルファベットのvがなかったので、fが[f]と[v]を示したのです。有声音にはさまれたときに、[v]と発音されたので、vという文字がなくても問題ありません。

fiveという形がつかわれ始めたのは、フランス語の影響でvが導入された13世紀頃からでした。この頃、fif/fifve/fiveという形が同時にみられるのです。

Q.58 なぜ、mine だけ -s がつかないのか。

「私の家」は my house、「私のもの」は mine ですね。次の表現をくらべてみましょう。

my house	「私の家」	mine	「私のもの」
your house	「あなたの家」	yours	「あなたのもの」
his house	「彼の家」	his	「彼のもの」
her house	「彼女の家」	hers	「彼女のもの」
its house	「それの家」		
our house	「私たちの家」	ours	「私たちのもの」
your house	「あなたたちの家」	yours	「あなたたちのもの」
their house	「彼らの家」	theirs	「彼らのもの」

「〜のもの」というときに、mine 以外は全部 -s がついていますが、mine だけどうしてちがうのでしょうか。これも英語の歴史を知るとその理由がわかります。10世紀頃の英語とくらべてみましょう。

10世紀	現代英語
min	my
eower	your
his	his
hi(e)re	her
ure	our

この古い英語をみると今の英語とだいたい同じですね。この中にないものでは、itsは16世紀末にitに所有格†の語尾-sをつけて作られました。それ以前はhisなので、男性のhisとまぎらわしい形でした。また、theirは14世紀頃に外国語††の影響でつかわれはじめたものです。それ以前はhira、hireでした。

さて、ここで問題となるのは、「〜のもの」を表す単語が-sで終わる形をとるのが原則であるのに、mineだけに-sがついていないことです。昔の英語からmineの歴史をたどってみましょう。

古い英語でも今のmineとほとんど変わらないminという形でした。ところが、minには「私の」と「私のもの」という両方の意味があったのです。10世紀の英語をみましょう。

Hit is min.　　「それは私のものです」
Hit is min hæt.「それは私の帽子です」

your、his、her、ourにも「～の」と「～のもの」の両方の意味があり、yourでは17世紀まで続いたようです。

13世紀頃、minにmin（= mine）とmi（= my）のふたつの形が現れはじめました。min「私のもの」はそのままの形でした。しかし、min「私の」に限って、その後にくる語が母音（または<h>）で始まるときはもとのminですが、そうでない場合には語尾の-nが落ちてmiがmyになったのです。そして、「私の」では16世紀末からnの落ちたmyだけがつかわれるようになったのです。現在では、「私の」ではすべてmyになりました。しかし、「私のもの」の意味では、min(e) は-nをもったままで現在に至っています。

yours、hers、ours、theirsについては、14世紀頃からyour、her、our、theirに所有格の語尾-sがついた形が現れ、「～の」と「～のもの」の意味がはっきり区別されるようになりました。この-sはhisやJohn's「ジョンの」でつかわれる-sからきたのではないかといわれています。

つまり、現代英語の mine は「例外」ではなく昔の英語のままで、yours、hers、ours、theirs のほうが新しく作られたのです。

注 †所有格は「〜の」という意味を表す格です。

††英語に近い北欧語。

Q.59 goodの比較はなぜ gooder, goodestではないのか。

形容詞や副詞には比較の程度を示すのに-er、-estをつけるものがありますね。たとえばrich − richer − richestのように。これを規則変化といっています。

一方、-er、-estをつけない単語もあり、これを不規則変化といっています。その代表がgood − better − bestやbad − worse − worstです。こうした不規則変化ではまったくちがう単語が比較級と最上級につかわれます。これはどうしてでしょうか。

実は、英語にはもともとgoodの比較級や最上級の形はなく、*batiz「有益な」という別の語の比較級と最上級が用いられています。*batizそのものについても比較級と最上級の形だけが残り、*batizは早くから消えてしまいました。1000年前のgoodの変化をみてみましょう。goodは当時godとつづられていました。

原　級	比較級	最上級
god	betera selra	bet(e)st selest

この表からわかるように、古い英語ではbeteraとならんでselraという単語がありますが、これは*sol-「幸福な」の比較級です。これは13世紀には消えて、現在はgood － better － bestだけが残りました。

betterの原級*batizと現代英語のboot「救助、利益；役立つ」が、もとは同じだったという説があります。形と意味がかなり似ていますね。

また、badについても、その比較級と最上級に別の語worse － worstが現れますが、これもgoodと同じ現象です。worse － worstについて、*wers-「混乱させる」と関係していて、war「戦争」にその原級が名詞として残っているといわれています。ただし、形容詞の原級としては消えて今では残っていません。

もっとも、ふざけた表現で規則変化のGoodest!がみられることもあります。また、badについても、14世紀から18世紀までbadder、baddestがつかわれていたこともあったのです。どちらも現在ではふつうはつかわれない形です。

語形変化が別の語と組み合わされるのはgo － wentにもみられます。

Q.60 なぜ形容詞の比較級に -er と more があるのか。

high − higher − highest のように、形容詞は「もっと〜」、「もっとも〜」というとき -er、-est をつけます。これは英語に昔からある語尾です。

ところが、beautiful − more beautiful − most beautiful のように、-er、-est をつけずに、more、most で程度のちがいを示す方法もあります。この方法は 13 世紀頃に初めて現れたものです。

しかし、このもとになる表現は 10 世紀頃の副詞の比較級 ma、mæst なのです。たとえば、ma gelæred 'more learned'「もっと学識のある」のように、過去分詞（gelæred）を ma が強めています。しかし、この ma、mæst はふつうの形容詞に対してはまだつかわれませんでした。なお、ma（副詞）は 12 世紀には mare になります。ただし、17 世紀頃まで、数の比較では mo を、大きさ・量・程度については more を使用したとされます。

more、most による比較は外国語（古典ラテン語、中世フランス語）の影響によっても促進されました。ラテン語では形容詞によって比較級 magis、最上級 maxime、フランス語では大部分は plus、le plus がつかわれたのです。

14世紀以降に、more、most による比較が増加してきたのですが、短い語（単音節か2音節）には -er、-est を、長い語（3音節以上）には more、most を用いる現代英語の使い分けは見られず、more、most による比較ができる語には -er、-est による比較も可能で、二種の比較方法が無差別に行われました。

15世紀後半になって、-er、-est は長い語にはつかわれなくなってくるという現代英語に近い傾向がみられるようになりました。

18世紀になると、単音節語の形容詞には -er、-est を、2音節語には -er、-est と more、most の両方を、3音節以上の語には more、most をつかうという原則がはっきりしてきました。つまり、more、most による比較が -er、-est の「領域」にかなり侵入してきたのです。

今では、単音節の短い語 right「正しい」などでも more、most がつくことが多いのです。more、most という独立した語で比較の程度を示したほうが -er、-est によるよりもはっきりしていると感じられるからでしょう。

Q.61 なぜ前置詞の後ではIやheでなく、meやhimなのか。

I love him. という文のhimは、loveの目的語です。では、目的語とはなんでしょうか。ちょっと説明しにくいのですが、この文では動詞love「愛する」はその意味をはっきり示すために別の語を強く支配（必要と）しているともいえます。誰を愛するのか言わなければ、文の意味がはっきりしません。つまり、動詞が支配する語を目的語と考えることができます。また、前置詞も別の語を支配しないと意味がはっきりしないので、目的語を支配します。今ではほとんどみられないのですが、形容詞が別の語を支配することもあります。

たとえば、He is like his father.「彼は父親似だ」では、likeはhis fatherを目的語とします。もっとも、目的語を支配する形容詞が今では少ないことから、このlikeを前置詞と解釈することがあります。しかし、歴史的にみればlikeは形容詞なのです。今の英語に残っているのはnear「近い」、worth「〜にあたいする」があります。It's not worth a penny.「それは一文の価値もない」ではa pennyはworthの目的語です。

ここでは、目的語の話を前置詞に限定しましょう。1000年前の英語で前置詞がどのように目的語を支配したのかをみましょう。昔の前置詞は支配する目的語にいくつかの種類がありました。たとえば、thurh 'through' は対格目的語を支配する前置詞でした。æt 'at' は与格目的語を支配しました[†]。

Gangath inn thurh thæt nearwe geat.（対格目的語）
（Go in through the narrow gate.）
「狭き門を通って中に入れ」
Ge ne comon æt him.（与格目的語）
（You did not come to him.）
「君たちは彼のところにこなかった」

対格目的語はおもに動詞の直接目的語、与格目的語は多くの前置詞の目的語となるものです。つまり、格は文中での語の働き（主語とか直接目的語とか）のちがいを示します。

1000年前の英語では名詞にも代名詞にも対格、与格、そして主語となる主格が形のうえで区別されることが多かったのです。単数の例をみてみましょう。

名　詞	主格　stan (stone) 対格　stan 与格　stan-e

代名詞	主格　he「が、は」 対格　hine「を」 与格　him「に」

ところが、しばらくすると、こうした主格、対格、与格が名詞ではすべて同じ形に統一されるようになったのです。また、代名詞では対格と与格の区別がなくなりました。

主格　stan
対格　stan
与格　stane ｝目的格→ stan

主格　he
対格　hine
与格　him ｝目的格→ him

つまり、動詞、前置詞の後で、代名詞については主格(I とか he) と区別できる目的格 (me とか him) が現れますが、名詞では主格とは区別できない同じ形の目的格が現れるようになったのです。このように、前置詞の後では代名詞に限れば目的格の me とか him によって、はっきりと前置詞の支配を受ける要素であることがわかるのです。

注 † 対格目的語は「〜を」、与格目的語は「〜に」という意味です。

Q.62 「今日」は today、「昨日」は yesterday なのになぜ「あした」は tomorrow なのか。

今日をふくめて、その前後の日を示すのに、「あした」だけに day がつかないのはなぜかという問題については、today の to と day、yesterday の yester と day、それと tomorrow の to と morrow の関係を調べてみれば納得できます。

まず、today について説明しましょう。ここで問題になるのは to です。この to は前置詞の to で、day は to の目的語です。to は時間を示す場合にはふつう「〜まで」の意味をもちますが、today では on this day、すなわち、特定の日「今日」を示します。この用法の to は 1000 年以上も前からありました。

「昨日」の yesterday については、yester が本来は「現在時（今日）の前・後」を指す形容詞で、day と結びついて、「昨日」の意味になるとすれば理解できます。問題があるとすれば、yester の意味はずっと昔は昨日でも翌日でもよかったのですが、「今日の前」だけを示すようになったことです（ドイツ語でも gestern は「昨日」だけを意味します）。yester の意味がせまくなったことになります。

「あした」のtomorrowでは、toはtodayのtoと同じく特定の日時を示す前置詞で、morrowはtoの目的語となります。

morrowの1000年前の形はmorgenでした。ドイツ語でMorgenは「朝」ですが、英語でも「夜明け」、「朝」の意味がありました。ところが、morgenには「今日または特定の日の次の日」という意味もあったのです。おそらく、「朝」が話題となるのが翌日の朝であることが多かったので、「次の朝」＝「翌日」の意味になったのでしょう。

このmorgenは単独ではmornまたはmorrowという形で細々とつかわれましたが、今ではtomorrowに残っているぐらいです。

現在は「朝」はmorningですが、これはmornにingがついた形です。evening「夕」のingの影響でmorningができたのは13世紀です。tomorrowとちがってmorningには「あした」という意味はありません。

tomorrowのmorrowには「次の朝」すなわち「明日」の意味があるので、わざわざdayをつける必要がないのです。

Q.63 enjoy の後はいつも -ing なのか。

動詞の目的語に、名詞だけでなく不定詞や -ing 形がくることがあります。不定詞が目的語になるのは昔からふつうのことですが、-ing 形が目的語となるのは昔は今ほど多くはありませんでした。

15 世紀頃から -ing 形が不定詞と並んで動詞の目的語となる例が増え、しだいに動詞によってどちらかだけを目的語とする用法が確立したのです。

enjoy は 14 世紀頃に中世フランス語から英語に入ってきたもので、-ing 形とともに不定詞も目的語としてとりましたが、不定詞はごく稀(まれ)にしかつかわれません。19 世紀に例外的に口語・俗語体で不定詞を目的語としてとることがみられました。

She would greatly enjoy to dance at a ball once more.
「彼女はもう一度舞踏会で踊ることを楽しみたいと思ったものだった」

このように、動名詞と不定詞用法はざっくりと区別できないようです。enjoy にしても、不定詞用法が今後増加しないとも断言できないでしょう。口語では不定詞、文語では -ing が好まれるとの指摘もあります。

なお、-ing 形と不定詞をたいした意味のちがいをともなわずに目的語とする動詞もありますが、remember、forget、stop では明らかな意味の差があります。

Q.64 used to はなぜ過去の習慣になるのか。

過去の習慣「～したものだ」の used to は語尾に -d がついていることから、use の過去形らしいことがわかります。しかし、use はふつう「つかう、利用する」という意味なので、そこから「習慣」の意味は引き出しにくいのです。ところが、use を歴史的にさかのぼると「習慣」の意味が出てくるのです。

use は 13 世紀に中世フランス語から英語に入ってきた動詞ですが、その意味には「(習慣を) 守る、実行する」があったのです。なお、「利用する」は「(ある目的のために) 実行する」から出た意味と考えられます。「習慣」に関連するものとして、「(人を) ～に慣れさせる」とか、目的語をとらない自動詞用法として「習慣的に行う、～するのを習慣とする」の意味がありました。しかし、今ではこうした意味は熟語表現の be used to や used to だけに残っているのです。

used to については、to 不定詞が後にくる用法が 15 世紀頃からさかんにつかわれました。しかも、現在形 use to もふつうにみられたのです。過去分詞 (have used to)

や現在分詞（using to）もありました。

Her name Mercilla most men vse† to call.
「たいていの人は彼女の名を通例メルシラと呼んでいる」

ある用法なり、意味だけが孤立して残った場合、それを熟語としてあつかうようになりますが、used to もそれにあたります。used to には現在時制の用法が消えてなくなり、過去分詞、現在分詞用法もありません。そんなことから、動詞 use との関連が切れてしまったのです。今日では、used to を ought to と同じく助動詞の仲間に入れることもあるのです。

なお、「（人を）～に慣れさせる」の意味から、受身の be used to「～に慣れている」が生まれました。15 世紀頃のことです。be used to の後には名詞（動名詞）がくるのが今ではふつうですが、かつては to 不定詞がくることがめずらしくなかったのです。また、ふつうの前置詞 of が to の代わりにつかわれたこともあったのです。

The seven cities ... were moche ysed <u>of</u> the fylthe and ordure of lechery.
「この７つの町は好色の堕落に大いにまみれていたも

のだった」

ですから、be used toでは、かつては不定詞用法と前置詞用法（to、ofなどの前置詞の後に名詞がくる）が両方とも許されたのですが、前置詞用法が今では優勢になったことになります。used toの後には昔から不定詞だけが許されたのと対照的ですね。

注 † この例文は16世紀末のもので、vseは現代英語ではuseになります。vとuの関係を説明すると、まず英語のアルファベットにvはありませんでした。13世紀頃、vはフランス語から入り、vとuは同一文字として用いられました。ついで、近代英語で、語頭ではv、語中ではuと区別されるようになりました。さらに、母音はu、子音はvという使い分けが確立したのは17世紀末ごろからです。

Q.65 hard と hardly はなぜちがうのか。

hardly が「ほとんど〜ない」の意味をもつようになったのは16世紀頃からです。hardly はそれ以前からあって、おもな意味は「激しく」、「勇敢に」、「厳しく」でした。

ところで、映画で *Die Hard*『ダイ・ハード』というのが話題になったことがあります。Die hard は「激しく抵抗してなかなか死なない（人）」ですが、hard は「かろうじて、やっとのことで」を意味します。hardly にも同じ意味があります。hard と hardly は比較的に最近までほぼ同じようにつかわれたのです。副詞 hard、hardly の歴史をたどってみましょう。

1000年前の英語では副詞は形容詞に語尾 -e をつけて作られることが多かったのです。形容詞 heard 'hard' に -e をつけて副詞 hearde が作られたのです。また、形容詞に -lic で終わるものがありました。形容詞 heard とともに heardlic という形容詞もあり、この heardlic に副詞形成語尾 -e をつけて、heardlice という副詞も作られたのです。

ところが、やがて語尾 -e が弱く発音されて、消えてしまったのです。今では形容詞 hard と副詞 hard の区別がないのはそのためです。同じく、副詞 heardlice も語尾の -ce の部分が落ち、やがて hardly になったのです。なお、形容詞の heardlic は早くから消えてしまい、今では形容詞 hard、副詞 hard、hardly が残っています。また、副詞 hardly は hard よりも遅く現れ、どちらかといえば 13 世紀頃になってから多くつかわれました。たとえば、die hard の「かろうじて」の意味は、hard では 14 世紀から、hardly では 16 世紀からみられます。hard は 1000 年以上も前から基本的な副詞として多くつかわれていました。

副詞として、hard と hardly が同じ意味でつかわれるようになったのは 13 世紀頃からです。つまり、hard と hardly はほとんど区別なくつかわれたのです。ところが、「かろうじて」の意味から発達した「ほとんど〜ない」の意味だけを 16 世紀頃から hardly がもつようになって、hard と hardly の区別ができてきたのです。今では、hardly の意味はほぼ「ほとんど〜ない」だけに狭くなってきています。また、hard が「ほとんど〜ない」でつかわれることはありません。

このように、-ly のない単純形の副詞と -ly 形の副詞が同時にみられる場合、wrong「誤って」とwrongly「不当にも」、high「高く」とhighly「高度に、非常に」、late「遅く」とlately「最近」のように、意味がちがうことが多いのです。同じ意味の単語がふたつあっても、まぎらわしいだけで、言葉の経済学†に反するのです。

注 †言葉は複雑なものから単純なものへ変化する傾向があります。

番外　英語にはどうしてフランス語が多いのか。

言語はそれをつかう人がいなければ存続が危ぶまれることはすでにみました。また、言語は日常つかわれることにより少しずつ変化していくものですが、何らかの「異変」によって大きく変わってしまうことがあります。

1066年、アングロサクソン人の住むイングランドは、ヘイスティングズに上陸したノルマン人（ノルマン系フランス人）によって征服されました。この軍を率いたのがWilliam the Conquerorとして知られるノルマンディー公ウィリアムです。征服者ウィリアムの後について英仏海峡を渡りイギリスに定住したフランス人は2万人といわれています。さてどのようなことが起こったのでしょうか。

当時、代わるのは王だけで政治を行う貴族はそのままということはよくありました。しかし、生き残ったイギリス貴族が強く抵抗したため、ウィリアム公は彼らの爵位を取り上げ、これをイギリスに渡ったフランス貴族に与えました。政治の世界がイギリス人からフランス人に代わったのです。

また、経済の面でも上流社会にフランスの商人が入り込み、幅をきかせました。さらに、宗教の面でも教会の司教、大司教がすべてフランス人になり、修道院の院長も次々にフランス人に代わっていきました。裁判所を含め公の場から英語がなくなってしまったのです。このような状況は300年ほど続きました。13世紀には「フランス語を知らなければほとんど重用されない」といわれていたほど、フランス語は力をもつようになったのです。

そんなことで、フランス語が英語に大量に流れ込むようになりました。たとえば現代英語で「罪」を表す語はsinとcrimeのふたつがあります。sinは本来の英語系、crimeはフランス語系で、もともと意味のちがいはなかったのですが、今ではつかい分けるようになっています。すなわち、宗教・道徳上問題となるのがsinで、法律上問題となる犯罪がcrimeです。これは今述べたように、ノルマン人の征服後、裁判所で人を裁くときにフランス語がつかわれたことが大いに関わっているのです。現在の英語では、フランス語系が50%、本来の英語が25%、その他25%となっています。

このようにフランス語系の言葉は多いのですが、英語が死に絶えたわけではありませんでした。それは社会の中・下層にあった人々が英語をつかい続けたからです。

定住したフランス人とイギリス人との結婚も次第に増え、それにつれ、言葉も融合していったのです。

第4部

表現・言い回しの形成

Q.66 自分を指すのに、なぜIではなくmeなのか。

「私よ、僕だよ」というとき、会話ではIt's me. と言います。でも、英語の文法からいえばIt's I. であってもおかしくありません。なぜIではなくmeなのでしょうか。

実は、古い英語ではIをつかっていました。今から1000年前はic hit eom（I it am）という英語でした。直訳すると「私はそれです」という意味でした。では、どのようにしてIt's me. になったのでしょう。次の変化をみてください。

10世紀	① Ic hit eom.	（I it am）
14世紀	② It am I.	（itが前へ、Iが後ろへ動く）
15世紀	③ It is I.	（amがisに変わる）
16世紀以降	④ It's me.	（Iがmeに変わる）

まず、10世紀から14世紀にかけて主語のic（I）が一番後ろに動くというおもしろい現象がみられます（①→②）。なぜ、そうなったのかは残念ながらわかっていません。

次に、14世紀から15世紀にかけてamはisになっています（②→③）。10世紀に主語であったI（ic）が後ろに動いて補語[†]になりItが前に出て主語になったのです。それで、Itに一致してamがisに変わったのです。15世紀にはIt is I.が現れました。

そして最後にIt is I.からIt's me.へと変化しています（③→④）。これにはいくつかの説があります。そのうち一番有力なのは、meはIよりも強く発音されるので、日常的な口語体に適していたという説です。また、isは弱く発音されることから、meがいっそう強調されることになるのです。

最後につけ加えると、やや古めかしいIt is I.が今でも文語体に残っていることはおもしろい現象です。

注 [†]補語とは、文中で動詞がその意味を完全にするために必要とされる要素。ふつう、目的語を除いた要素を補語とします。

Q.67 Thank you はなぜ「あなたに感謝しろ」ではないのか。

Thank you は「ありがとう」という意味ですね。「あなたに感謝しろ」という命令文とすれば、省略されている主語は「あなた」ですから（You）thank you.「あなたはあなたに感謝しろ」というおかしな文になってしまいます。「ありがとう」という意味にはなりません。

それでは、「ありがとう」を示す1000年前の英語をみてみましょう。

Ic thankie the / eow.（Thank thee / you.）

上の文から、主語のIc（＝I）があったことがわかります。それではIcが今ではなくなっているのはどうしてでしょうか。15世紀頃にはIが消えていたらしいのですが、その理由として、決まり文句を言うときには、発信しはじめている気持ちが話し手にあっても実際に音を出していない現象によるものと考えられます。これは、日常よくつかう表現にみられます。

言葉にしても人間は最少の労力で効果が上がるように

するものです。省略された部分が容易にわかるような場合には、それをわざわざ表現する必要を感じないことが多いのです。しかし、省略はおもに会話体で起こり、文章体では避けられる傾向があります。

Thank you と同じ現象と考えられるものに次のような表現があります。（ ）内は省略部分です。

（I shall） see you again.「またお会いしましょう」
（I am） sorry.「すみません」
（It was） my mistake.「私のミスでした」
（God） bless you!「おやおや」

こうした省略形の多くは決まり文句になったために、省略形の方がふつうの形として感じられるようになったのです。

Q.68 How do you do? はなぜ「あなたはどうしてる」ではないのか。

How do you do? は形は疑問文ですが、相手に何か答えを期待することはなく、単なるあいさつの決まり文句です。初対面のときにつかい、意味は「初めまして」ですね。決まり文句なので、疑問文である意識がなくなって、一語で how-do-you-do とか how-d'ye-do とか書かれることもあったのです。

Welcomes and how-d'ye-do were pouring both at once on either side.
「『ようこそ』とか『はじめまして』とかの言葉が同時にどちら側からもどっとほとばしり出た」

このHow do you do? のもとになる表現はHow do you? でした。それは疑問文でつかわれる助動詞の do† が普及したのは17世紀頃からなので、それ以前は do のない How do you? だったからです。How do you? の do は「暮らす、健在である」という意味です。それで「いかがお暮らしですか」というのがもともとの How do you? の意味で、相手に何かの答えを期待するふつうの疑問文だったのです。

17世紀からは疑問を示す助動詞doがつかわれるようになって、How do you? → How do you do? の変化が起きました。しかし、これは初対面のあいさつではなくて、How are you?「ごきげんいかがですか」と同じだったようです。

ところが、How do you do? が初対面のときの形式的な決まり文句としてつかわれるようになると、かつての「いかがお暮らしですか」の意味はHow are you? で表されるようになったと考えられます。それで、現在のHow do you do? とHow are you? のつかい分けが定着したようです。

なお、アメリカ英語（方言）にみられるhowdy「やあ！よう！」は17世紀のhow do ye? が短縮したものです。別の項（Q.52）で説明したように、yeは今のyouにあたる古い形です。

注 †How do you do? の最初のdoが助動詞で、最後のdoが本動詞です。

Q.69 whyはなぜ「なぜ」なのか。

whyは疑問詞です。疑問詞はほかにwhat、which、who、whose、whom、where、when、howがありますが、howを除いてすべてwh-で始まります。これはとても重要なことです。もともとwh-で始まる疑問詞は疑問であることを示す共通の基本形をもっていたのです。なお、howもはるか昔にはwhoと同じ基本形をもっていたのです。その証拠にh-が残っています。

こうした疑問詞のなかでも、who、whose、whom、what、whyは1000年以上前の英語にさかのぼると、同じ疑問詞の変化形だったのです。その頃の英語では、名詞、形容詞、代名詞、疑問詞は性（男性、中性、女性）や格（主格、対格、属格＝所有格、与格、具格）のちがいによって語形を変えました。ですから、whoとwhatのちがいは性、who、whose、whomのちがいは格、whatとwhyのちがいも格のちがいによって説明できるのです。

なお、格について簡単に説明します。主格は主語、対格は直接目的語、与格は間接目的語として文中で働くことを示す格です。具格は「by 〜、with 〜」のように今では手段を表す前置詞によって示される格です。

疑問詞の語形変化をみてみましょう。

	男性・女性	中　性
主　格	hwa（who）	hwæt（what）
対　格	hwone（なし）	hwæt（what）
属　格	hwæs（whose）	hwæs（whose）
与　格	hwæm（whom）	hwæm（なし）
具　格	なし	hwy（why）

さて、上の語形変化表から、why は1000年前の英語では中性の疑問詞 hwæt ‘what’ の具格形であることがわかります。意味は具格が手段を示す格であることから「何によって」となります。「何によって」は「どんな原因、目的で」ともいえるので、そこから「なぜ」という意味がでてくるのです。what と why が同じ中性の疑問詞の変化形だったとは現代英語からは信じられないことかもしれません。

なお、wh- で始まる疑問詞は今から3000年以上も前のインド・ヨーロッパ祖語*k^w-にさかのぼれます。古典ラテン語 qu- はこの祖語の形を直接に示すもので、フランス語では qui?「誰？」です。

Q.70 becauseはなぜ「なぜならば」なのか。

辞書を引くとbecauseはふつう接続詞（主語と動詞をふくむ語群の前に置かれる）で、「〜だから、〜なので、なぜならば」という意味がのっています。同じような意味はほかにas、for、since、so much asなどの接続詞でも表せます。さて、becauseが「なぜならば」の意味をもつのは、その語の成り立ちをみればすぐに理解できます。つまり、becauseはbeとcauseが結合した形をしているからです。

まず、beから説明しましょう。beは前置詞byが弱く発音された形で、ほかの語の頭につくことから接頭辞と呼ばれるものです。become「なる」、begin「始まる」とかbefore「前に」などにもみられます。beforeではbyの「〜周辺、あたり、近く」の意味がはっきり残っています。foreは「前」で、be + foreで「前のあたり」という意味になります。しかし、become、beginでは前置詞のもとの意味がよくわからなくなっています。

さて、becauseの場合はどうでしょうか。beは前置詞byの「〜で、〜によって」という意味を示します。

because の be がもとは前置詞であったので be cause とふたつの要素に切り離されて書かれていました。次の例は 15 世紀の英語です。

Putt hym away by cause he is daungerous.
「気難しいので、彼とは縁を切れ」

cause はもとは前置詞 by / be の目的語だったのです。

次に問題となるのは、cause です。cause はフランス語で、14 世紀の初めに英語に入ってきました。意味は「原因・理由」です。今でもよくつかわれる語です。be + cause は全体で「〜の原因・理由で」という意味になります。

同じような働きをする語で純国産の語は for です。この for ももとは前置詞で、「〜のために」の意味をもっていたのです。for が接続詞としてつかわれるようになったのは、12 世紀頃からです。それ以前は「なぜなら」の意味の成句としては for（前置詞）と他の要素が結びついたものがありました。for thy the、for tham the などがそれで、しばしば一語で書かれました。for は元は与格支配の前置詞で、thy、tham は与格形の指示代名詞です。the は成句に接続詞の役割を与えます。次の例は10世紀頃の英語です。

Eadige synd tha the nu wepath, <u>forthamthe</u> hi beoth gefrefrede.

（Blessed are those who now weep, because they shall be comforted.）

「今、悲しむ者は幸いである。なぜならその者たちは慰められるだろうから」

なお、15世紀から17世紀初めにかけて、forもcauseと結びついて「なぜなら」を意味したことがあったのです。しかし、forとcauseは一語になることなく、やがて消えました。

Callid god of bataill <u>for cause</u> of many batailles that he had.

「戦いの神と呼ばれた。なぜなら彼は多くの戦いを経験したからだった」

このようにbe + causeだけがひとつの語として現在までつかわれてきたのです。

Q.71 have to はなぜ「しなければならない」なのか。

haveは「持つ」という意味なのに、どうしてhave toで「～しなければならない」のような意味になるのでしょうか。また、haveはI have a book.「私は本を持っている」のように、目的語（ここではa book）が必要なのに、どうしてhave toの文には目的語がないのでしょうか。学校ではhave toは熟語で「～しなければならない」と覚えさせられますね。

ところが、歴史をたどると、昔は熟語と考えなくてもいい「ふつう」の表現だったことがわかります。

10世紀頃の英語にはIc hæbbe the to secgenne sumthing.（=I have something to say to you.）「君に言わねばならないことがある」がみられます。また、14世紀の英語にもI have mo thinges to write to you.（= I have more things to write to you.）「君に書かねばならないことがもっとある」があります。

10世紀の英語では、sumthing（ = something）がhæbbe（ = have）の目的語か、それともto secgenne（= to say）の目的語かわかりにくいのですが、14世紀の英語では mo thinges が have の後に現れているので have の目的語であるらしいのです。その場合、have は「持つ」という意味をはっきり示していることになります。熟語であるという考えはいりません。不定詞 to ～は「～するための」というふつうの用法です―― Give me something to eat.「何か食べるものをください」。

しかし、16 世紀頃から have の目的語が見当たらない表現が多く現れはじめました。それでは、この熟語表現はどのようにして発達したのでしょうか。

ひとつは、have の目的語が have よりも不定詞 to ～に強く結びつくことで have のすぐ後から不定詞 to ～の後に移動したことが考えられます。

I have something to say to you.
→ I have to say something to you.

このような表現が一般化すれば、目的語がなくても「～しなければならない」の意味が表せるのです――I have to go.「行かなければなりません」。このような変化を引き起こした原因として、似たような表現 ought to や be to が影響したことも考えられます。

You ought to know better.「こんなことをするなんて、もっと分別をもたねばなりません」
What am I to do?「何をしたらいいんですか」

また、have got to（= have to）は16世紀頃に発達しました。今でも、I've got toのように口語でよくつかわれるのを聞いたことがあるでしょう。have gotが現れたのはhaveのもつ意味をはっきり示すためにgotが補強されたからだといわれています。have got = haveになり、それにtoがついてhave got toになったのです。これは19世紀頃に現れ始めました。もちろん、have got toでもhave gotは「持つ」という意味はなくなっています。

This is all you've got to do.「これだけすればいい」

Q.72 be going to はなぜ「つもり・予定」なのか。

be going to は go の進行形を土台にして 15 世紀後半頃から発生したとされます。しかし、初めはごくわずかしか現れず、17 世紀末から 18 世紀以降によくつかわれるようになったようです。進行形の一般的な増加傾向と一致しています。

まず、進行形の用法の中で、go の進行形を考えてみましょう。

進行形の基本的な意味は動詞によって少しずつちがいます。「〜している」という意味は出来事がある程度の時間の幅をもって生じていることを示すときにみられます—— It's raining.「雨が降っている」。

また、瞬間的な行為を示す動詞については、進行形になるとその行為がくり返し起きていることを表します—— He is tapping at her door.「彼は彼女のドアをたたいている」。そして、状態や行為が変化することを示す動詞では、進行形は状態の変化とか、何かがじきに起きることを表します。

He is dying.「彼は死にかけている」
When are you going abroad?「いつ外国へたちますか」

この最後の例のように、go は進行形になると近い未来に起きる出来事を示すのです。そこから be going to の「まさに～しようとしている」という意味が生じました。15 世紀後半に初めてこの be going to が英語に現れたのです。

Thys onhappy sowle ... was goyng to be broughte into helle for the synne ...
（This unhappy soul ... was going to be brought into hell for the sin ...）
「罪のために、この不幸な魂は地獄に連れ去られようとしていた」

上の例では be going to は go の「行く」という意味をなくして、近い未来を示す「記号」になってしまいました。それは I am going to go. とか I am going to come. などの表現で go や come が一緒につかわれていることからわかります。もし going に意味があったら、I am going to come. の意味が「来るために行くところ」となって変ですね。

さて、be going to は必ずしも差し迫った近い未来だけを表すとは限りません。むしろ、今では「～するつもりでいる」という「未来の意図・計画・予定」を示すおもな表現手段となりました。be going to には will や shall にはない話し手の「意図」の意味が多少とも残っていることが多いのです。

Q.73 had better はなぜ「〜するほうがいい」という意味になるのか。

これは難問です。たとえば、You had better go home.「帰るほうがいい」という文で、had は have の過去形であることはたしかですが、この had が「持っていた」という意味を示していたとは考えにくいのです。また、had の後に go がきますが、この go は過去分詞ではなさそうです。go が不定詞（原形）だとすると、had をどのように解釈したらいいのでしょうか。わからないことだらけですね。ただし、better については、「ほうがいい」という意味にとれそうです。

この構文は14世紀の中頃から英語に現れはじめたようです。例をあげましょう。

We had leyuer euermare to serue in egipte ... then in the wildernes ...
「こんな荒野でよりもむしろエジプトでずっと働くことのほうがましだと思う…」

上の文で、leyuer は lief「喜んで」の比較級で、意味はbetterと同じく「〜するほうがいい」です。今でも古風な表現「had (would) liefer 〜 than 〜」の構文に残っています。hadはlieferやbetterだけでなく、ratherとも現れるようになりました。

You had better go home.の解釈で重要なのは、hadの意味です。ここでは、haveは「〜を〜と思う、みなす」という意味をもち、「家に帰ることがよりよいと君は思うだろう」となります。hadは仮定法過去形で、「恐らく〜ではないかと思うだろう」となります。

また、You had better go home.のgoは不定詞と考えられます。先の14世紀の例文にはto serue (= serve) と書かれていますね。不定詞であることのしるしとしてtoがついているのです。

had betterの後では今ではtoのない不定詞がくるのがふつうです。goが不定詞で、had (= would think) の目的語であるとすると、betterはその目的補語であることになります。

You	had	better	go home.
主語	動詞	目的補語	目的語（不定詞）

このように、haveの意味がやや特殊な意味であるこ

と、不定詞にそのしるしであるtoがついていないこと、仮定法過去がwould haveでなく、hadで示されていることなど、今日では一般的な用法からややずれた古風な表現ということはいえます。このようなことを理解するよりも、ともかく「〜するほうがいい」と丸暗記するのが労力の節約にはなりますが、頭の片隅に「どうしてだろう」という疑念がいつまでも残る人がいても不思議ではありません。

Q.74 mayにはなぜ「していい」と「かもしれない」の意味があるのか。

mayはもとは「能力」という基本的な意味をもっていました。今の英語にはmight「力」という語がありますが、これはもとはmayと同じ語源からできたものです。

mayの意味の歴史をたどってみましょう。まず、1000年前にはmayは「能力」を意味し、今のcan「できる」と同じ意味でつかわれることがとても多かったのです。また、mayは「〜していい」という「許可」の意味でもつかわれましたが、1000年前では今ほどは一般的ではなかったのです。それと、「〜かもしれない」という「推測」の用法も今ほどは多くなかったのです。

mayの基本的な意味が「能力」であるとすると、「許可」と「可能性・推測」の意味が「能力」からでてきたものと考えられます。

「能力」から「許可」へ意味が変わったのは、「外部からの事情によって能力が発揮できること」から「外からの許可」へ重点が移ったからといえそうです。1000年前の「許可」の例文を示します。

Ne miht thu lencg tun-scire bewitan.
（Thou no longer may manage stewardship.）
「あなたは執事の仕事をすることはもう許されない」

次に、「能力」から「可能性」への意味の変化も、個人的な能力から、その能力が発揮される客観的な可能性・条件に重点が移ったものと考えられます。1000年前の「客観的可能性」を示す例文をあげます。

Hi ne mæhtun gebringan hine him for mengo.
（They could not bring him to Christ（=him）for multitude.）
「彼らは彼を群集のためにイエスのところにつれて行く機会がもてなかった」

この「客観的可能性」が「主観的可能性・推測」の「かもしれない」という意味に弱まったのはやや遅れて13世紀頃からです。今では「能力」と「可能性」はcanによって示されるようになり、mayは「許可」と「推測」の意味にほぼ限られるようになったのです。

Q.75 good-bye は、なぜ「さようなら」なのか。

good-bye は古くは God be with you (ye)!「神、なんじとともにあれ！」という文が短くなったもので、旅立つ人の旅の安全を祈ったのが始まりだといわれています。なお、ye は you の古い形です。

God の代わりに Good がつかわれたのは、あいさつのことば Good day.「こんにちは／ごきげんよう」や Good night.「おやすみなさい」との連想によるといわれています。

ところで、God be with you (ye)! の be は変わっていますね。なぜ God <u>is</u> with you. ではないのでしょうか。この be は be 動詞の仮定法という形で、これだけで「～してほしい」という願いを表すのです。このような仮定法は現代英語ではほとんど残っていませんが、God save the Queen!「女王万歳！」など、決まり文句に少しみられます。

さて、God を Good と取りちがえるのは「語源俗解」といわれるものです。これは、もっともらしい語源を思いついて本来の語とはちがう語をつかってしまう現象です。日本でも「ちょっと着る」から「チョッキ」、「ズボンとはく」から「ズボン」だと思い込んでいる人も多いのです。事実は、フランス語などから入った語で、発音も誤解に基づいて定まってしまったのです。

Q.76 one は「1」なのになぜ ones になるのか。

数詞の one は1000年前は an「アーン」でしたが、その後、強調形が one、弱形が不定冠詞の a または an になりました。強調形 one はいうまでもなく数詞「1」なのですが、今から700年ぐらい前からこの「1」の意味を失った用法が現れました。不定代名詞の用法です。

Madnesse in great ones must not unwatch'd go.
「身分の高い人の狂気はみすごせない」

数詞 one が限定するものは「ひとつ」であるはずですから、そもそも複数形 ones になることは無意味です。上の例の ones は one が「1」の意味をなくしていることを示しています。上の ones は「people」のように集合的な「人間一般」を意味します。little ones は children「子供」の意味です。

このように数詞 one が「1」の意味を失ったのは13世紀ごろからで、不定代名詞（some one、a certain one の意味）としてつかわれはじめました。ただし、複数形

onesは単数のoneよりもやや遅れて発生しました。

oneがどのように不定代名詞になったのかについてはまだわかっていませんが、oneが「1」の意味を失い、単独で「人」を示すようにならなければ、複数形onesが現れることはなかったでしょう。

なお、oneの前に形容詞がつく用法は14世紀に始まり、初期近代英語（1500-）で急速に発達しました。これはone(s)の不定代名詞の用法から発達したとされます。次の例では、onesはmenの代わりにつかわれています。複数形onesが前はonly、後はworthによって修飾されます。onesに数詞「1」の意味はまったくありません。

Stupid men are the only ones worth knowing.
（英国女流小説家Jane Austenジェイン・オースティン1775-1817）
「愚かな人たちだけが知るに値する人たちだ」

Q.77 若くても three years old のように、old をつかうのはなぜか。

old はもともとどのような意味をもっていたのでしょうか。old は今から 2000 年以上も前の*aldo-z にさかのぼります。これは動詞の*al- の変化した形（過去分詞）でした。*al- は「育てる」という動詞で、その過去分詞は形容詞として「育てられた、成長した」を表しました。そこで、old はかならずしも「年寄りの、老人の」という意味だけでなく、成長段階をも示したのです。これは最も古い英語でもそうです。最初の例は「老人の」、第二例は「成長段階」を示します。

Thær he sæt eald and unhar.（There he sat old and hoary.）「彼はそこに年老い、白髪で座っていた」

He axode hu eald heo wære.（He asked how old she was.）「彼は彼女が何歳かきいた」

成長段階を示す意味があるのですから、生まれてからたとえ１年しかたっていなくても相手に年齢をたずねるのにoldをつかってもまったく問題がありません。

なお、youngも古くからある単語ですが、その意味は「成長の初期」に限定されます。一般に、長さ・大きさなどの尺度につかわれるのは優勢な性質を表す語です。How long、How largeとはいいますが、How short、How smallとはいいません。それと同じく、oldとyoungのどちらが幅の広い意味をもち、優位な性質を示すのかを考えれば、How youngではなく、How oldがつかわれる理由がわかりますね。

ところで、he is three years oldという表現で、three yearsとoldの関係はどうなっているのでしょうか。1000年前の英語ではhe is threora geara ealdになります。threora gearaは現代英語にするとof three yearsになります。threoraの-ra、gearaの-aはそれぞれ属格（ふつう現代英語では-sで、所有格ともいう）を示す語尾です。属格の意味はいろいろあります。その代表が「〜の」ですが、ここでは限定の属格というつかい方がみられます。つまり、成長しているが、3年間という時間の長さが限定されているのです。

12世紀頃からこの属格語尾は脱落して、three years oldとなりました。そして、three yearsとoldがひとつのかたまりと意識され、決まり文句となったのです。

さて、1000年前の例に出てくるoldはealdですね。今のoldとはちょっと形がちがいます。実はealdとoldは方言のちがいによるものと考えていいのです。

最も古い英語では、oldはaldでしたが、イギリスの南部方言ではaldからealdに変わったのです。これは13世紀頃に消えてしまいました。また、イギリスの中部や北部では、9世紀にaldのaが長く発音され、ついで15世紀にauldになり、16世紀にold「オウルド」になったのです。だから、今のoldはイギリスの中部・北部地方の語形なのです。

南部　ɑld　＞　æld　＞　eɑld（13世紀に消滅）
中・北部　ɑld　＞　ɑːld（9世紀頃）＞　ɑuld（15世紀）＞old（16世紀）

スコットランドの国民詩人ロバート・バーンズ（1759-96）の有名な詩Auld Lang Syne（= Old Long Since）「今は懐しその昔」にもauldというスコットランド方言がつかわれています。この詩につけられた旋律は「ほたるの光」として知られています。

Q.78 なぜlittleが「ほとんどない」なのか。

I have little money.は「ほとんどない」という否定で、I have a little money.は「すこしある」という肯定でつかわれます。では、littleは「否定」、a littleは「肯定」という区別がいつからあったのでしょう。

littleには基本的な意味がふたつあります。little girlのように「小さい」という意味と、little moneyのように数えられない量を示す語について「少し」という意味です。「小さい」はgreat「大きい」の反対、「少し」はmuch「多い」の反対の意味になります。こうした基本的な意味は昔から今までずっと変わらずにありました。後者の「少し」では、ずっと昔から否定的な「少ししか」という意味が多少とも示されるのがふつうでした。そして、not muchの否定的な側面はaのないlittleの前にbut、only、ratherをつけて強調的に示されるのがふつうです。次のlittleはbutをもつ15世紀の例です。

The folk han but litille appetyt to mete.
「その人達は肉をほとんど食べたがらない」

ところが、「多くはないがいくらか」のa littleはやや新しい表現で、15世紀頃からみられるのです（a little snow）。このa littleは「a little of」のofが省略された形なのだとする説があります。a little ofのほうは15世紀以前からみられます。17世紀の例He drank a little of the wine.「ワインを少量飲んだ」からわかるように、littleは形容詞というよりも名詞です。ofは「〜のうちの」という部分を指す意味で、a little ofは「〜のうちの少量部分」となります。この用法では否定的な意味はとくに認められません。

また、a littleのaが「いくらか」の意味だったとしてa littleの「肯定」の意味を説明することができそうです。このaの肯定的な意味がa littleに影響したとする説なのです。「だいたい、ほぼ」のaが数量を示す形容詞の前でさかんにつかわれた時期は14世紀から16世紀だったそうです。a few、a many、a six daysなどが代表的なものですが、今ではa few、a great manyぐらいしか残っていません。次の文ではa littleのaはsomeに置きかえられます。a littleとa few、a manyなどのaにはもとはsomeの意味があったからです。

I learned a little English.「英語を少しは知っている」

このように、a few、a many などの用法からの影響があるとすると、a little（肯定）と little（否定）の用法の区別は15世紀前後から確立したと推測できそうです。

Q.79 of courseの意味はなぜ「もちろん」で、発音は「オフコース」なのか。

of courseのcourseの意味から説明しましょう。courseはもとは中世フランス語で、13世紀に英語に入ってきました。フランス語currere「走る」という動詞からできた名詞です。「前進、走行」がその基本的な意味です。この意味から「進行方向、進路」の意味が、さらに「成り行き、方針、順序」の意味ができました。そして、「方針」から「慣習、いつもの仕方」の意味が生まれました。14世紀にはこうした意味がすべてみられます。

of course「もちろん」が現れたのは16世紀後半ぐらいからです。「慣習、慣例」のcourseと、「から、～による」の意味のofが結合して、「慣例によって、通例どおりに」、さらに「当然、もちろん」の意味が定まったのです。

逆の意味の「変則的に、不当に」はout of courseと表現しますが、これはof courseよりも早く14世紀からみられます。今ではつかわれていません。

さて、of courseの発音ですが、ofは「オブ」のはずですね。では、なぜ「オフ」になるのでしょうか。実は前置詞のofの発音は1000年前には「オフ」だったのです。副詞のoffと同じ発音だったのです。前置詞としては弱形（弱く発音される）が、副詞としては強調形（強く発音される）がつづりでそれぞれof、offと区別されるようになりました。弱形のofが「オフ」から「オブ」に変わったのは15世紀頃からだとされています。

一般に、弱形の語（代名詞、前置詞、接続詞など）では、摩擦の響きをもつ無声音f、θ、s、ks、tʃが有声音のv、ð、z、gz、dʒになる傾向があります。たとえば、代名詞のthatは「サット」から「ザット」に変わったのです。

さて、ofが15世紀以降「オブ」とすれば、「オブコース」の発音が予想されますが、ふつう「オフコース」ですね。これは「同化作用」[†]として説明できます。ofの後のcourseは[k]という無声音で始まりますが、この「ク」の無声音の性質にオブの「ブ」が影響を受けて同じ無声音の「フ」になったのです。

これと同じことがhave to、used toにもいえます。「ハブトゥ」は「ハフトゥ」、「ユーズドトゥ」は「ユース(ト)トゥ」と発音されるのも有声音が無声音に「同化」したからです（v＞f、zd＞s(t)）。こうした同化作用は自然な口語体では多分かなり前から起きていたのだと思われます。

注 †近くにある他の音に似た音に変わる現象。

番外　ケーシー高峰はなぜ高峰なのか。

コメディアンのケーシー高峰の名は本名ではなく芸名でしょう。彼は医者志望だったのですが、医学部から芸術学部に転部して卒業し、芸能界に足を踏み入れたそうです。変な医者を演じることで、大いに茶の間の人気を得ています。

ところで、50年以上も前のことになりますが、テレビ番組に「ベン・ケーシー」という正義漢の医師が活躍するものがあり、当時はベン・ケーシーなる医師を知らないものがいないほどの人気を博していました。多分、高峰氏はこの「ベン・ケーシー」の名にちなんで、「ケーシー高峰」という芸名を考えついたのでしょう。それでは、「高峰」と「ベン」とはどんな関係があるのでしょうか。これも英語の歴史を知らないとわからないのです。

イギリスに英語をつかう人たち（アングロサクソン人）が侵入したのは5世紀頃でした。それ以前はケルト人が住んでいました。ケルト系の人たちは今はアイルランドを中心に住んでいますが、イギリスでは北のスコットランド、中西部のウェールズなどに少数民族として生き残っています。しかし、当時はケルト人がイギリス、アイルランド全体を支配していたのです。イギリスの奥地では、ケルト語の地名がまだかなり残っていますが、それはかつてケルト人がイギリスを支配していたなごりなのです。

さて、「ベン」ですが、これはスコットランドの高い山（たとえばBen Nevis「ベン・ネビス」）につけられる名称です。Benは「円錐（えんすい）形の峰」という意味なのです。つまり、「ベン」＝「高峰」になるのです。もし本人がこのことを知っていて芸名を「高峰」にしたとすれば、高峰さんはかなりの教養の持ち主のようですね。

先住民族であるケルト人に由来する地名として有名なのは、London「ロンドン」、Dover「ドーバー」、Kent「ケント」、Leeds「リーズ」などです。ロンドンは「荒々しい、勇敢な」のlondoに由来するケルト人種族の名だったともいわれています。今のロンドンはこの種族の住んでいた所だったのでしょうか。ケルト語は日本でのアイヌ語のような地位にある言葉といえます。東北地方にはアイヌ語の地名がたくさん残っていますね。

本書は、2002年8月に教育出版より刊行された
『歴史から読み解く英語の謎』に加筆・修正し、
改題のうえ文庫化したものです。

英語の謎

歴史でわかるコトバの疑問

岸田緑渓・早坂 信・奥村直史

平成30年 1月25日 初版発行
令和6年 11月25日 11版発行

発行者●山下直久

発行●株式会社KADOKAWA
〒102-8177 東京都千代田区富士見2-13-3
電話 0570-002-301(ナビダイヤル)

角川文庫 20756

印刷所●株式会社KADOKAWA
製本所●株式会社KADOKAWA

表紙画●和田三造

●お問い合わせ
https://www.kadokawa.co.jp/（「お問い合わせ」へお進みください）
※内容によっては、お答えできない場合があります。
※サポートは日本国内のみとさせていただきます。
※Japanese text only

ISBN978-4-04-400340-1 C0182

◆◇◇